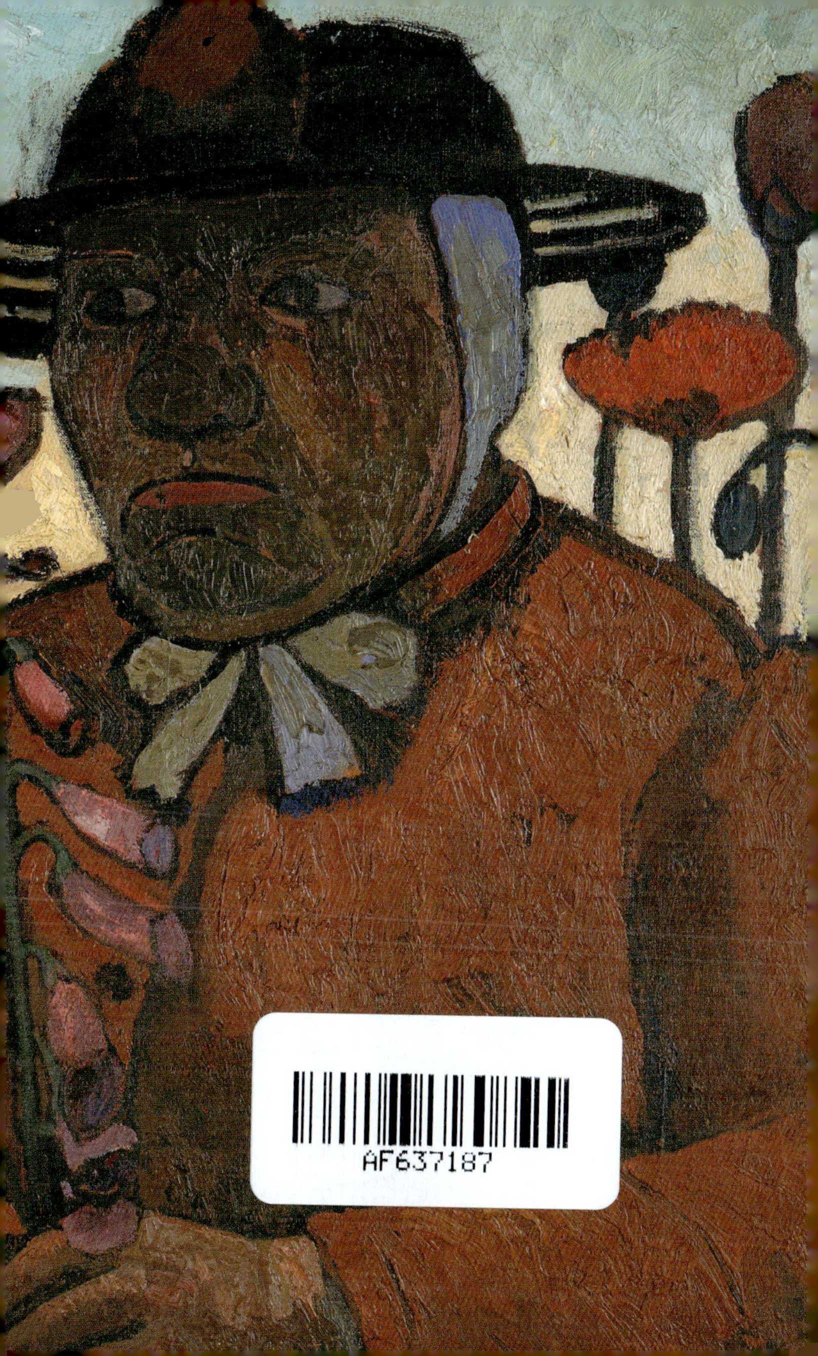

WIENAND^S KLEINE REIHE
DER KÜNSTLERBIOGRAFIEN

OTTO DIX
MAX ERNST
ALEXEJ JAWLENSKY
ERNST LUDWIG KIRCHNER
GUSTAV KLIMT
KÄTHE KOLLWITZ
WILHELM LEHMBRUCK
MAX LIEBERMANN
AUGUST MACKE
AMEDEO MODIGLIANI
GABRIELE MÜNTER
EDVARD MUNCH
EMIL NOLDE
CHRISTIAN SCHAD
EGON SCHIELE
MAX SLEVOGT
MARIANNE VON WEREFKIN

*Doris Hansmann*

# PAULA MODERSOHN BECKER

Wienand

# Inhalt

[...] lieben heißt allein sein,
und Künstler ahnen manchmal in der Arbeit,
daß sie verwandeln müssen, wo sie lieben.
Beides begannst du; beides ist in Dem,
was jetzt ein Ruhm entstellt, der es dir fortnimmt.
Ach, du warst weit von jedem Ruhm. Du warst
unscheinbar; hattest leise deine Schönheit
hineingenommen, wie man eine Fahne
einzieht am grauen Morgen eines Werktags,
und wolltest nichts, als eine lange Arbeit, –
die nicht getan ist: dennoch nicht getan.

Rainer Maria Rilke, *Requiem für eine Freundin*, 1908

# Frühe Vollendung

Es gleicht einer Offenbarung. Was über Jahre im Verborgenen entstanden war, tritt erst jetzt ans Licht, nach dem tragischen Tod der jungen Malerin, die am 20. November 1907 mit nur 31 Jahren im Kindbett starb. Als Otto Modersohn und Heinrich Vogeler – Ehemann und Freund – kurz darauf das Atelier von Paula Modersohn-Becker betreten, ahnen sie noch nichts von der Entdeckung, die sie machen werden. Noch nichts von der Fülle und Qualität dieses umfangreichen Lebenswerks, das sich ihnen in den folgenden Tagen und Monaten Stück für Stück erschließen wird. Die Künstlerin selbst hat ihre Arbeiten vor den neugierigen Blicken anderer verborgen gehalten, sich auch den Freunden nicht offenbart und sich selbst bei Künstlerkollegen wie etwa den Bildhauern Bernhard Hoetger und Auguste Rodin nur zögerlich als Malerin vorgestellt.

Paula Becker, um 1895

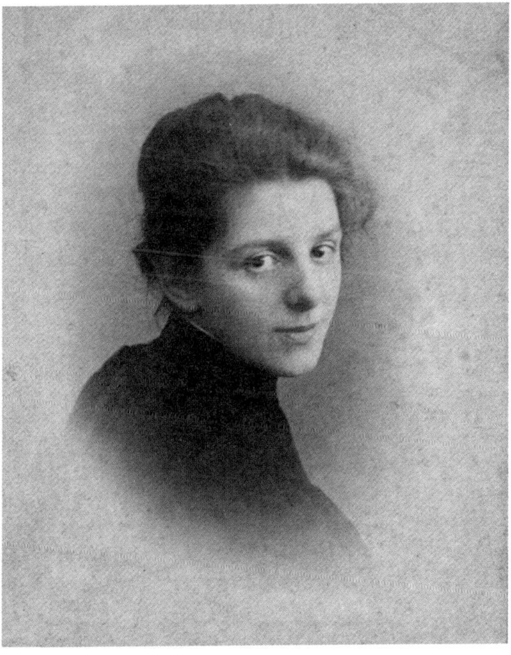

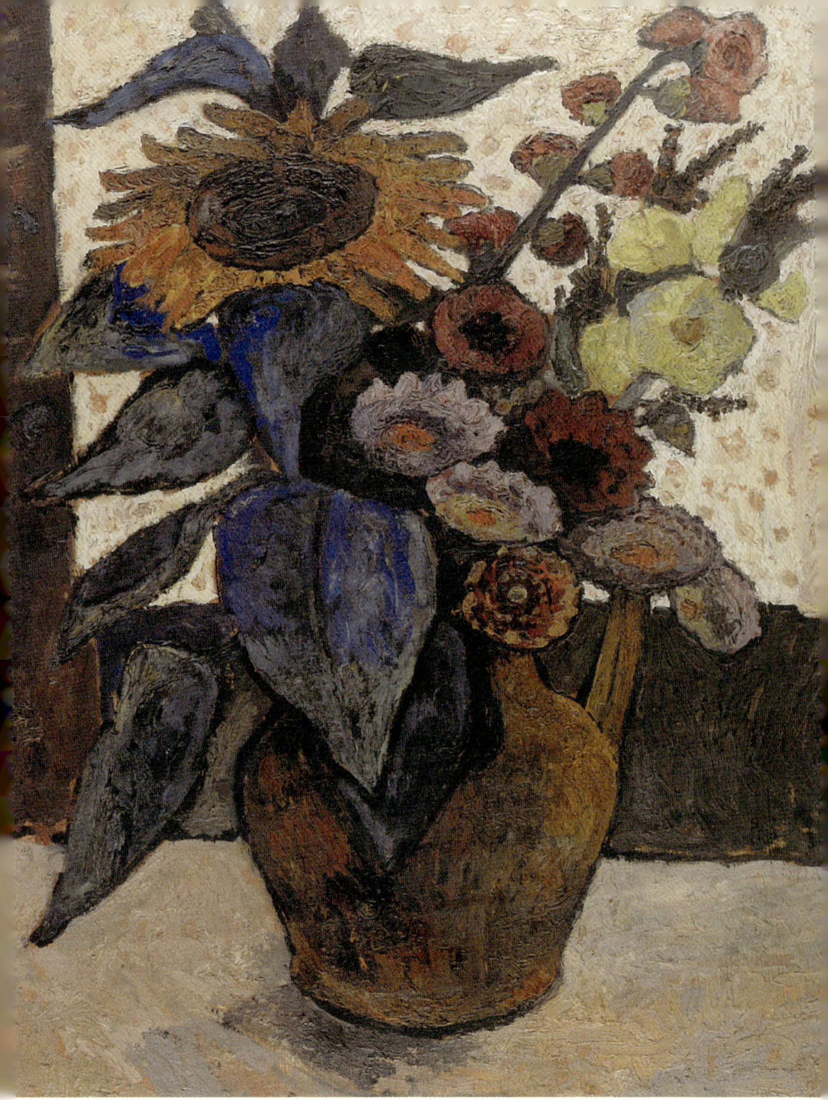

**Stillleben mit Sonnenblume, Stockrosen und Georginen**, 1907,
Öl auf Leinwand, 90 x 65 cm

Das letzte Gemälde – ein prächtiger Blumenstrauß mit Sonnenblume und Stockrosen – steht noch auf der Staffelei. In ihm vereint sich das künstlerische Streben der letzten Jahre, das Ringen um Form und Farbe, Ausdruck und Gehalt, die Einflüsse von van Gogh, Gauguin und Cézanne, Modersohn-Beckers unbedingter Wille zur Modernität. Im Alkoven stapeln sich zudem Zeichnungen, Skizzen und Gemälde, Pappen und Leinwände, Stillleben, Landschaften, Selbstporträts und monumentale Aktdarstellungen – alles in allem rund 750 Bilder und 1400 Handzeichnungen.

**Sie hatte mehr Talent und Amt zur Malerei als alle lebenden Worpsweder zusammen.**

Alfred Walter Heymel, Bremer Sammler und Schriftsteller, 1909

Doch was tun mit diesem umfangreichen Nachlass? Schon die Sichtung sprengt die Kapazität des Ateliers, und erst die Worpsweder Turnhalle schafft Abhilfe, wo die Arbeiten schließlich ausgebreitet und begutachtet werden. Rudolf Alexander Schröder, Schriftsteller und Freund, wird später berichten: „Da folgte nun in jenen kurzen Tagen Überraschung der Überraschung, Entzücken dem Entzücken, Erstaunen dem Erstaunen."

Von nun an geht es Schlag auf Schlag: 1908, nur wenige Monate nach ihrem Tod, findet eine erste Nachlassausstellung im Kunst- und Gewerbehaus von Franz und Philine Vogeler in Worpswede statt. Im Winter darauf initiiert Gustav Pauli, der Direktor der Bremer Kunsthalle, eine monografische Ausstellung und kauft als Erster ein Werk der Künstlerin für eine öffentliche Sammlung. 1913 folgt eine große Schau im renommierten Museum Folkwang in Hagen – eingerichtet und arrangiert von Otto Modersohn und Heinrich Vogeler –, die auch nach München, Jena und Wuppertal wandert. Paula Modersohn-Beckers Briefe und Tagebuchaufzeichnungen werden 1917 publiziert

**Selbstbildnis vor grünem Hintergrund mit blauer Iris**, um 1905, Öl auf Leinwand, 40,7 x 34,5 cm

und machen sie über Nacht berühmt. 1919 erscheint die erste Monografie, geschrieben von Gustav Pauli. Und schon 1927 baut Bernhard Hoetger im Auftrag des Mäzens Ludwig Roselius das Paula Becker-Modersohn Haus. Es ist weltweit das erste einer Künstlerin gewidmete Museum. 1976 findet eine umfassende Präsentation des Werks zum 100. Geburtstag statt, die ihre Bilder einem großen Publikum nahebringt. Den vorläufigen Höhepunkt markieren schließlich die Ausstellungen zum 100. Todestag im Jahr 2007. Souverän behauptet sich in der Bremer Kunsthalle ihr großartiges *Selbstbildnis vor grünem Hintergrund mit blauer Iris* neben Selbstporträts von Cézanne und Gauguin; von der Presse wird Modersohn-Becker als der „deutsche Picasso" gefeiert. Spätestens mit diesem fulminanten Siegeszug beweist sich, was Otto Modersohn schon 1902 vorausgesagt hatte: „[...] sie ist eine echte Künstlerin, wie es wenige gibt in der Welt [...] Keiner kennt sie, keiner schätzt sie – das wird anders werden."

---

**Rund 30 Selbstporträts** malte Paula Modersohn-Becker im Laufe ihres Lebens, darunter auch das Selbstbildnis mit blauen Iris. Die flächige Maskenhaftigkeit des Gesichts hat mit den naturalistischen Anfängen ihres Schaffens nichts mehr zu tun, sondern zeugt von der Auseinandersetzung der Künstlerin mit der französischen Avantgarde sowie ägyptischer Mumienporträts, die sie bei ihren Besuchen im Louvre entdeckt hatte. In Bildern wie diesen erreicht Modersohn-Becker die „große Einfachheit der Form", die sie zeitlebens angestrebt hatte.

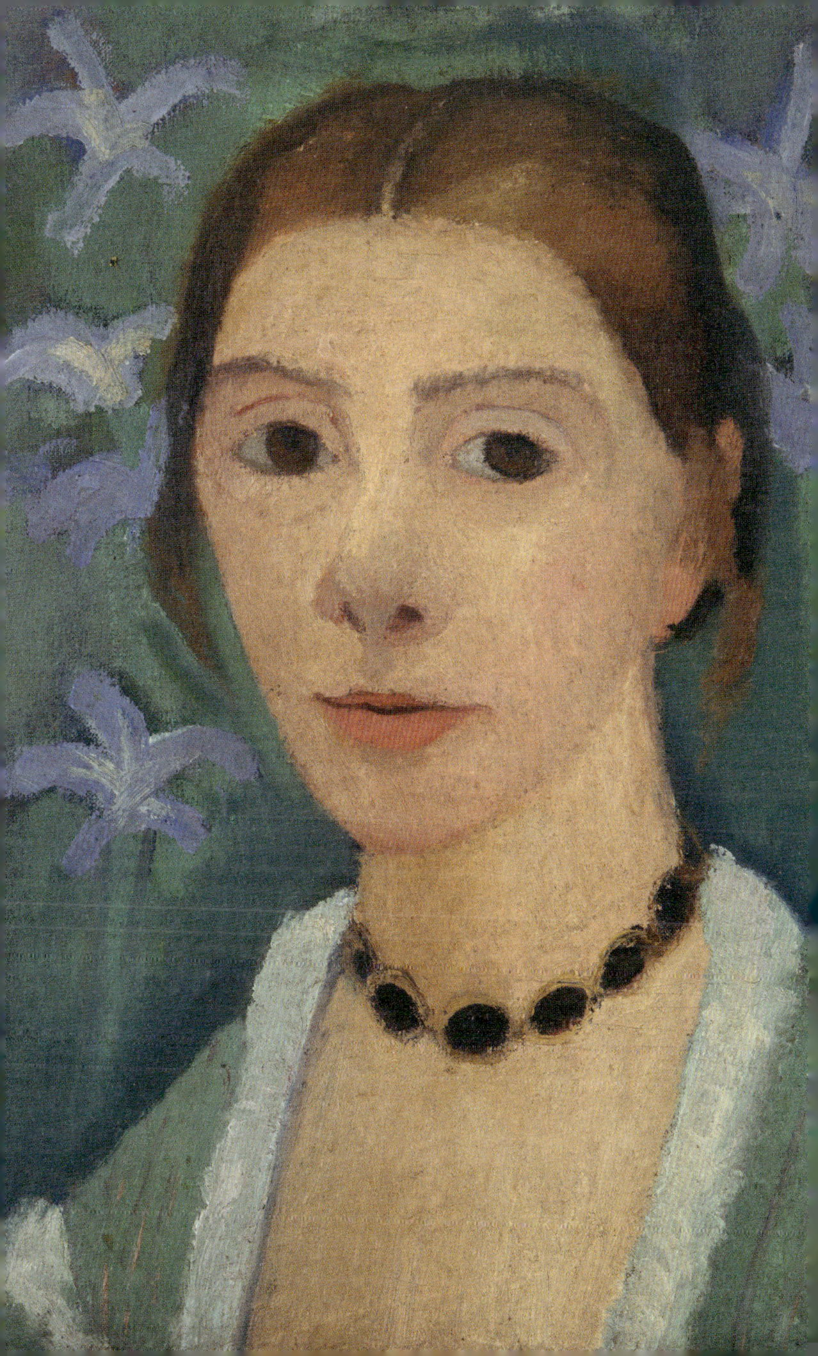

# Auf dem Weg zur Künstlerin

## WIE ALLES BEGANN

Was denkt ein junges Mädchen ihrer Generation über die Zukunft? Welches sind seine Ziele, seine Wünsche, seine Sehnsüchte? – In den seltensten Fällen wohl eine künstlerische Laufbahn. Paula Becker aber hat sich genau das in den Kopf gesetzt. Oder sagen wir so: Ihr Herz schlägt schon von Jugendtagen an für die Malerei. Und genau daran wird sie sich festbeißen. In der ihr eigenen unbeugsamen und durchsetzungsfähigen Art.

Doch fangen wir ganz vorn an. Es ist ein später, stürmischer Vormittag, als Minna Hermine Paula Becker am 8. Februar 1876 in Dresden das Licht der Welt erblickt. Sie wird in ein gutbürgerliches Elternhaus hineingeboren. Ihr Vater Carl Woldemar Becker, Sohn eines angesehenen Sprach- und Literaturwissenschaftlers und selbst Ingenieur im Eisenbahnbau, ist ungewöhnlich belesen und kunstsinnig, und auch die Mutter, eine geborene von Bültzingslöwen, brennt für Literatur,

Die Familie Becker im Garten des Hauses Chausseestraße 29 in Bremen, 19. August 1895. Von links: die Schwester Herma, Paula, Mutter und Vater Becker und die Geschwister Günther, Milly, Kurt und Henner

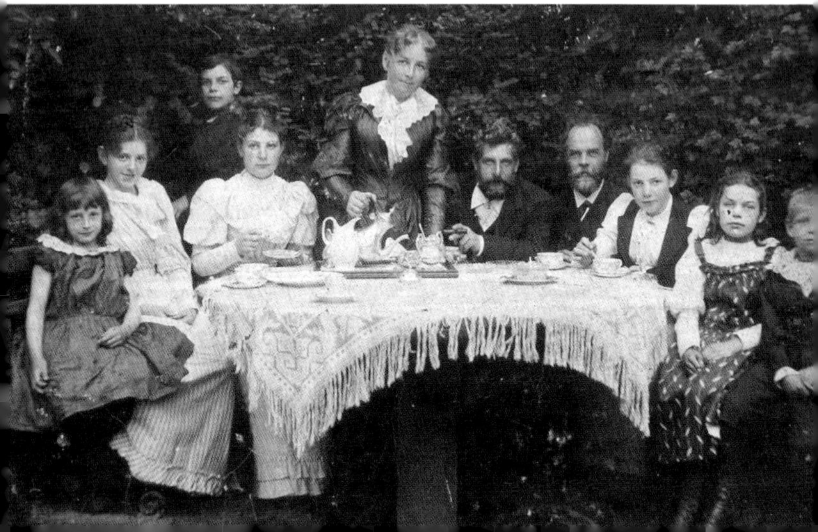

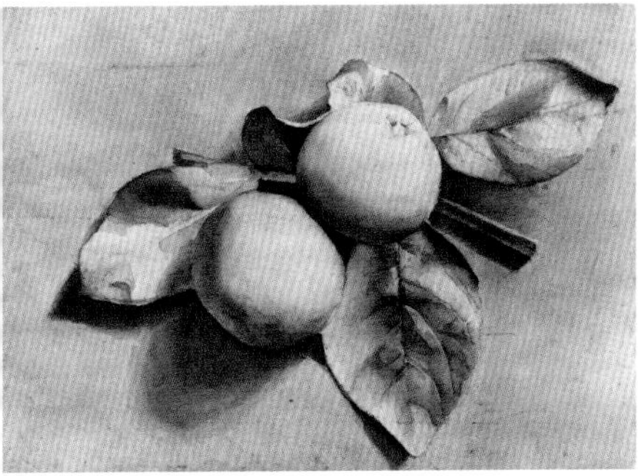

**Fruchtzweig**, 1892, Sepia, 24,7 x 35,5 cm

Ich glaube nicht, daß Du eine gottbegnadete Künstlerin ersten Ranges werden wirst, das hätte sich doch wohl schon früher bei Dir gezeigt, aber Du hast vielleicht ein niedliches Talent zum Zeichnen, das Dir für die Zukunft nützlich sein kann.

Woldemar Becker an seine Tochter Paula, 11. Mai 1896

Musik und bildende Kunst. Sie wird es sein, die ihre Tochter immer wieder fördern, sie immer wieder in ihren ehrgeizigen Zielen unterstützen wird.

1892: Die „kleine Paula“, wie sie immer noch genannt wird, ist inzwischen ein hübscher Teenager geworden. Nicht ganz freiwillig, eher auf Drängen der Eltern, verbringt sie ein Dreivierteljahr bei wohlhabenden Verwandten in England, wo sie unter dem strengen Regiment von Tante Marie Hill Englisch und Haushaltsführung lernen soll. Neben dem Melken und den selbst gemachten Butterbergen, dem Weißnähen, flicken und säumen, dem Reiten und den Tennisstunden steht auch Zeichenunterricht auf dem Programm. Mit großer Begeisterung skizziert Paula Landschaften und Früchte. Und erntet sogleich kleine Erfolge, lobende Worte von zu Hause, obwohl der Vater nicht ganz sicher ist, ob er die Früchte auf dem Skizzenblatt der Tochter richtig als Orangen erkennt. Doch einerlei: Das Interesse ist geweckt und Paulas Talent von der Umgebung erkannt. „Solltest Du auch nicht perfekte Künstlerin werden, so kannst Du dir noch manche Freude und Genuß dadurch verschaffen“, schreibt der Vater. Noch ist alles im Lot, die aufflammende Leidenschaft für die Kunst im Korsett liberal-konservativer Mädchenerziehung gebändigt.

Es folgen weitere Unterrichtsstunden, diesmal in der Londoner St. John's Wood Art School, wo Paula professionellen Unterricht nach den Regeln der traditionellen Ausbildung genießt. Hier zeichnet sie einfache Arabesken und „Griechenwerke" nach Gipsabgüssen antiker Statuen. Es sind zunächst noch akribische Bestandsaufnahmen in steifer, akademischer Manier – aber immerhin ein Anfang. Und der Vater verspricht, ihr auch nach der Rückkehr aus England weiterhin Unterricht zu ermöglichen.

## PRACHTVOLLER UNTERRICHT

Woldemar Becker hält Wort, und Paula verbringt „prachtvolle Stunden" bei dem Bremer Maler, Bühnenbildner und Kunstlehrer Bernhard Wiegandt. Ob der Vater ursprünglich mit dem Gedanken gespielt hat, sie als Zeichenlehrerin ausbilden zu lassen? Seine Worte jedenfalls lassen keinen Zweifel daran, dass er die Töchter in die Lage versetzen will, auf eigenen Füßen zu stehen. „Bei dem jähen Wechsel, dem wir bezüglich der Glücksgüter in unserem Zeitalter unterworfen sind, bei der anstrengenden Arbeit, die der Kampf ums Dasein mit sich bringt, muß jedes Mädchen danach streben, sich zur Not selbständig zu machen." Eine überaus moderne Haltung. Und zudem vorausschauend, denn im Sommer 1895 erhält er tatsächlich – aus heiterem Himmel – die Nachricht von seiner frühzeitigen Pensionierung. Die Bremer Eisenbahn, bei der Becker seit 1888 tätig war, ist bankrott. Wie gut, dass Paula zu diesem Zeitpunkt ihre Ausbildung am Bremer Lehrerinnenseminar schon fast abgeschlossen hat. Mit knirschenden Zähnen allerdings. Im September ist sie dann endlich, endlich wieder frei! Ein Grund zum Jubel für die 19-Jährige, ein himmlischer Gedanke, all das, was sie so hastig in ihren Kopf hatte „hineinpfropfen" müssen, nun wieder vergessen zu können. Doch noch ist nicht klar, wie es weitergehen soll, jetzt, wo die finanzielle Lage der Familie so prekär ist. Eigentlich wäre es ihre Verpflichtung, sich eine Stelle als Lehrerin oder Gouvernante zu suchen. Doch Aufgeben ist nicht ihre Sache. Und so macht sie zusammen mit ihrer Mutter und ohne Wissen ihres Vaters Nägel mit Köpfen: Sie belegt einen Kurs an der Zeichen-

> **Ich lebe jetzt ganz mit den Augen, sehe mir alles aufs Malerische an.**
>
> Tagebuch, vor dem 18. Mai 1896

und Malschule des Vereins der Berliner Künstlerinnen und Kunstfreundinnen. Eine Schwester von Mathilde Becker ist bereit, ihre Nichte für sechs Wochen aufzunehmen.

Im April 1896 kommt Paula Becker in der großen Stadt an. Von nun an dreht sich alles nur noch um die Kunst, die Stunden und Tage vergehen wie im Flug. An vier Nachmittagen in der Woche ist Unterricht, die Vormittage verbringt Paula in der Berliner Nationalgalerie – mit Rembrandt und Holbein, den großen Meistern der Alten Kunst. Überdies wird jedes Gesicht, das ihr auf der Straße begegnet, auf seine malerische Wirkung hin geprüft und studiert. Sie lebt ganz in der Kunst.

## DIE „BERLINER MALGESCHICHTE"

Doch das glückselige Dasein sollte nicht ewig währen. Als sich die arbeitsreichen Wochen dem Ende zuneigen, drängt der Vater sorgenvoll aufs Geldverdienen: „Leid tut es mir, dass Du Deine Zeichenstunden nicht fortsetzen kannst." Fast schon hat sich Paula mit ihrem Schicksal abgefunden, als sich doch noch eine Lösung anbahnt. Wieder ist es die Mutter, die tatkräftig die Fäden spinnt. Sie handelt eine Ermäßigung in der Schule aus, organisiert erneut eine Unterkunft bei Verwandten in Berlin und vermietet im Bremer Zuhause zwei Zimmer, was 300 Mark monatlich in die Kasse bringt. Die „Berliner Malgeschichte", die der Vater später in einem Brief an seine

# Ausbildung zur Künstlerin

Künstlerin werden zu wollen, war für Frauen der Zeit um 1900 kein leichtes Unterfangen, denn ihre Ausbildungs-, Arbeits- und Lebenssituation unterschied sich fundamental von der ihrer männlichen Kollegen. Vom Studium an den Akademien, den führenden Ausbildungsinstituten seit dem 17. Jahrhundert, waren sie qua Geschlecht ausgeschlossen. Damit hatten angehende Malerinnen und Bildhauerinnen keinen Zugang zu akademisch-professionellem Unterricht, der damals das Kopieren antiker Gipse, das Studium von Perspektive, Proportion und Anatomie sowie das Aktzeichnen beinhaltete. Erst ab 1919 sollte sich diese Situation durch die in der Weimarer Verfassung garantierte Gleichstellung von Mann und Frau ändern.

Zuvor beschränkte sich das Ausbildungsangebot für Frauen auf private Künstlerateliers oder Malschulen. Angesehene Akademieprofessoren und Künstler, beispielsweise Wilhelm von Kaulbach oder Wassily Kandinsky in Kochel sowie Fritz Mackensen und Fritz Overbeck in

Freilichtmalerinnen in Worpswede, angeführt von Fritz Overbeck, fotografiert von Hermine Rohte, 1896

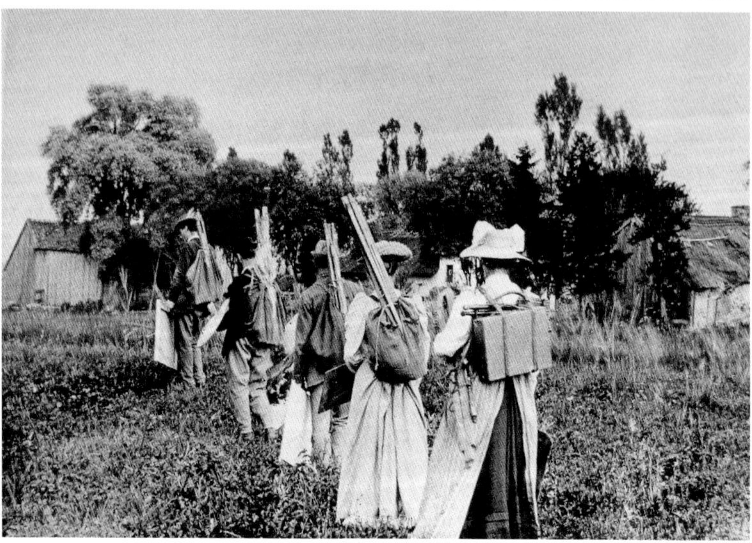

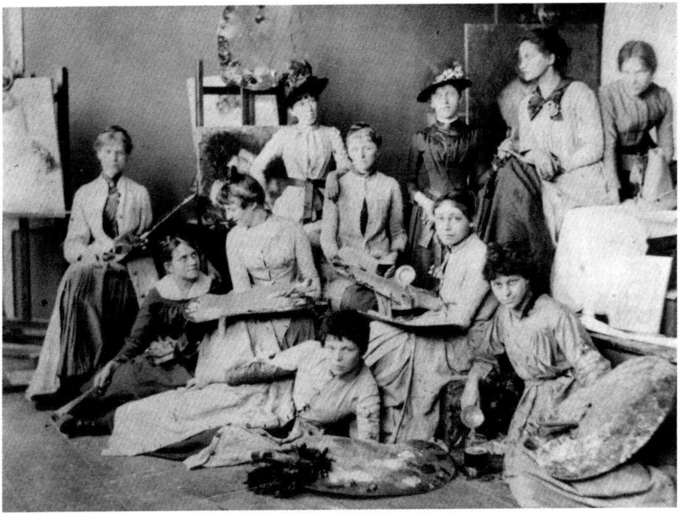

Malklasse von Ludwig Herterich an der Damenakademie des Münchner Künstlerinnenvereins, vorne Mitte Käthe Kollwitz, 1889

Worpswede, unterrichteten Privatschülerinnen. Ihr Lehrangebot war aber in der Regel recht kostspielig und erreichte bei Weitem nicht das Niveau der Akademien.

Als Alternative wurden um 1900 sogenannte Damenakademien gegründet, um auch Frauen Chancen auf eine systematische, ernst zu nehmende Ausbildung einzuräumen. Die Zeichen- und Malschule des Vereins der Berliner Künstlerinnen und Kunstfreundinnen öffnete am 19. Oktober 1868 ihre Pforten und entwickelte sich innerhalb kürzester Zeit zur zentralen Ausbildungsstätte für bildende Künstlerinnen in Deutschland. 1882 folgte die Damenakademie des Münchner Künstlerinnenvereins und 1885 die Malerinnenschule zu Karlsruhe. Nach dem Vorbild der Staatlichen Akademien waren das Zeichnen nach antiken Gipsen, Anatomie, Perspektive, Kompositionslehre, Kunstgeschichte, Landschafts-, Blumen- und Stilllebenmalerei sowie Kopf- und Figurenzeichnen im Angebot. Darüber hinaus das Aktzeichnen – ein entscheidendes Element des traditionellen akademischen Curriculums und höchste Stufe des Zeichenunterrichts, aus der Frauen zuvor aus vermeintlich moralischen Gründen ausgegrenzt worden waren.

**Es gibt für mich nichts Schöneres, als ein Atelier zu betreten, dann bekomme ich viel frömmere Gedanken als in der Kirche.**

Paula Becker an ihre Eltern, 7. Mai 1897

Frau rügen wird, wurde ohne sein Wissen eingefädelt. Doch Woldemar Becker lässt Frau und Tochter gewähren. Und Paula ist euphorisch: „Jetzt weiß ich mein Glück schon drei Tage! Ich trage es stündlich in meinen Gedanken herum und kann es doch nicht fassen. [...] Ich sehe ein prachtvolles Jahr vor mir [...].“ Die Zeichen- und Malschule des Vereins der Künstlerinnen und Kunstfreundinnen in Berlin ist zu dieser Zeit eine der ersten Adressen für die künstlerische Ausbildung von Frauen, während an den staatlichen Akademien die Männer noch bis zum Ende des Ersten Weltkriegs ihre Bastion erfolgreich gegen weibliche Eindringlinge verteidigen. Private Kunstschulen und sogenannte Damenakademien versuchen Abhilfe zu schaffen und den angehenden Künstlerinnen und Zeichenlehrerinnen eine adäquate Alternative zu bieten.

Paula Becker besucht die Zeichen- und Malschule von 1896 bis 1898. Sie studiert dort Porträt, Akt und Landschaften, zeichnet in Kohle, Rötel und Pastell und malt begeistert mit Ölfarben. Das Ergebnis kann sich sehen lassen: rund 150 Zeichnungen mit erkennbaren künstlerischen Fortschritten. Neben akademischen Studien – vorwiegend Köpfe und Akte – entstehen freie Arbeiten, locker in Gouache oder Aquarell hingeworfene Blätter: dekorativ, elegant in der Linienführung und ganz in der populären Mode des **Jugendstils*** gehalten.

---

* **DER JUGENDSTIL** *war eine internationale Kunstrichtung der Zeit um 1900. Der Begriff geht auf die 1896 in München gegründete Zeitschrift* Jugend *zurück. Kennzeichnend für den Jugendstil ist die Verwendung von Ornamenten, zunächst in geschwungener, von der Natur abstrahierter Form, später häufig auf der Grundlage geometrischer Figuren. Der Jugendstil fand Anwendung in bildender Kunst, Architektur und Design; eines seiner Kennzeichen ist die intensive Durchdringung aller Aspekte des Lebens.*

Entwürfe für Stollwerk-Chokolade, 1898, 24,3 x 32,5 cm

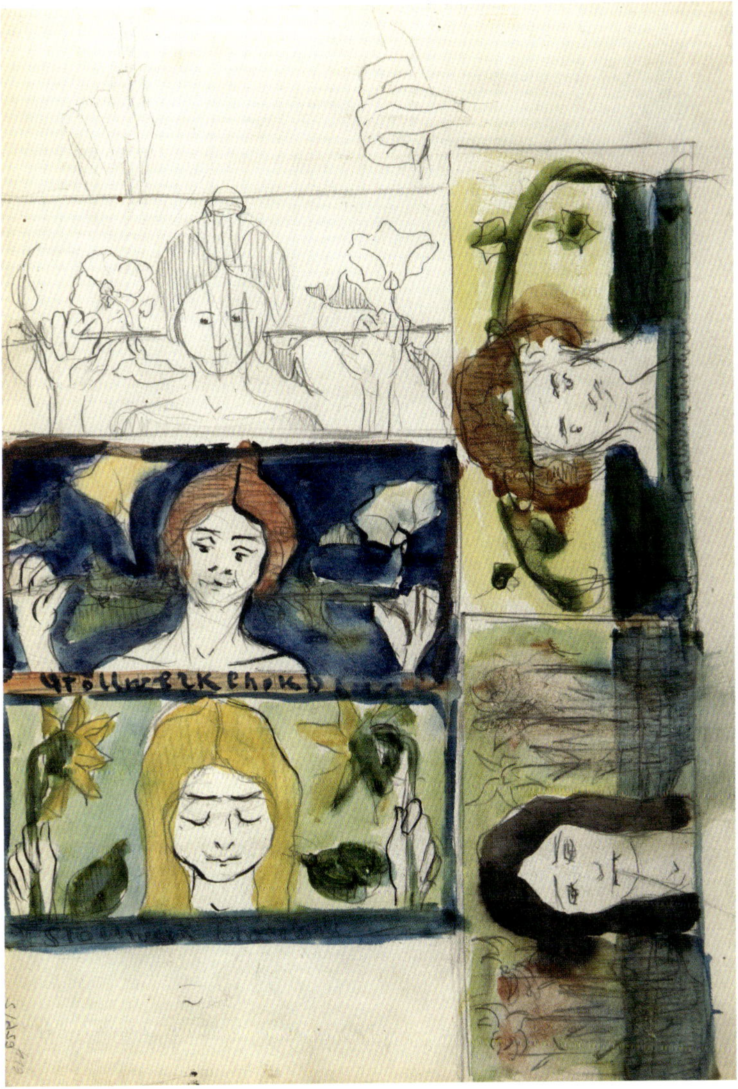

**Worpswede, Worpswede! Versunkene-Glocke-Stimmung! Birken, Birken, Kiefern und alte Weiden. Schönes braunes Moor, köstliches Braun! Die Kanäle mit den schwarzen Spiegelungen, asphaltschwarz. Die Hamme mit ihren dunkeln Segeln, es ist ein Wunderland, ein Götterland.**

Tagebuch, 24. Juli 1897

## EIN AUSFLUG INS TEUFELSMOOR

Ein Tag im Juni des Jahres 1897, eine kurze Episode während der Berliner Ausbildungszeit, soll das Leben der jungen Frau nachhaltiger verändern, als es irgendjemand zunächst auch nur erahnen kann. Alles beginnt mit einem Ausflug aufs Land: Mit Postkutsche und Pferdebus geht es anlässlich der Silberhochzeit der Eltern von Bremen aus in das 20 Kilometer entfernte Worpswede. Das abgeschiedene Dörfchen inmitten des Teufelsmoors hat schon von sich reden gemacht durch die Künstler, die sich in schwärmerischer Begeisterung für das unentdeckte Fleckchen Erde 1889 hier niedergelassen hatten. Mit ihrer Malerei zwischen Akademismus und Avantgarde trafen sie den fortschrittlichen Publikumsgeschmack und feierten innerhalb des konventionellen Kunstbetriebs beachtliche Erfolge. Paula Becker hat die Werke dieser Künstlergruppe bereits 1895 in der Bremer Kunsthalle gesehen und mit unbestechlichem Auge analysiert. Nun erliegt auch sie dem Zauber der Landschaft, ihrer Farben und Stimmungen. Satte Wiesen, von Birken gesäumte Alleen, schnurgerade Kanäle, das Teufelsmoor, schwarzbraun bis zum Horizont und – als einzige Erhebung weit und breit – der Weyerberg. „[...] es ist ein Wunderland, ein Götterland“, wird Paula später in ihr Tagebuch notieren.

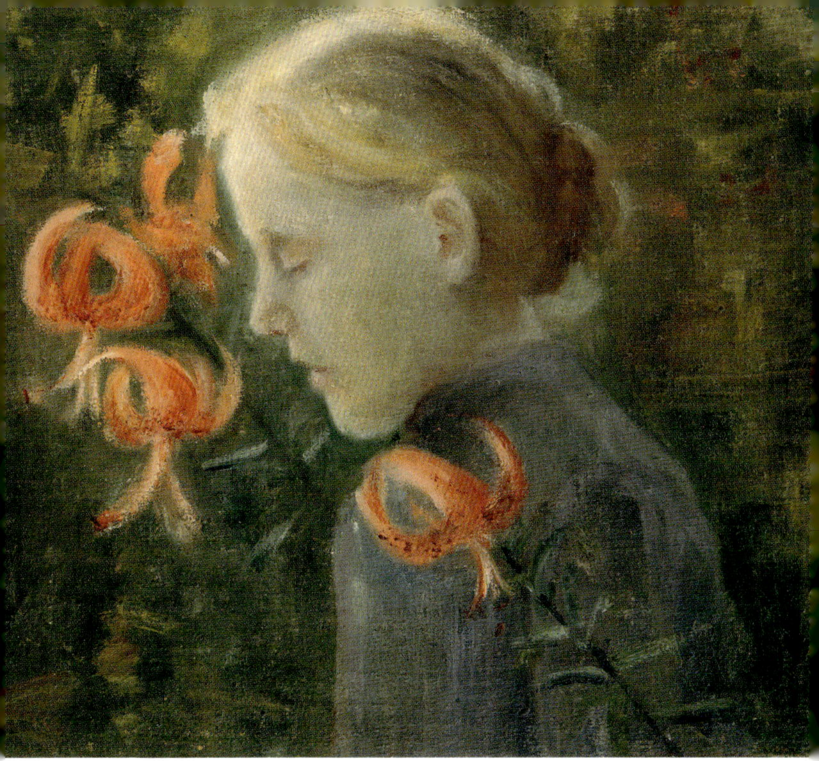

**Mädchen mit Feuerlilien**, 1897, Leinwand auf Pappe, 39,3 x 48 cm

**Paula porträtiert die junge Rieke Gefken** mit roten Lilien und Anni Brotmann vor Landschaftshintergrund in der Lehmkuhle in jugendstilhafter Manier. Schon jetzt zeichnet sich ab, was fortan ihr Werk bestimmen wird: „Menschen malen geht doch schöner als eine Landschaft." Noch ist sie eine Suchende.

---

Schon bald kehrt sie zurück, um dort zusammen mit ihrer Kommilitonin Paula Ritter die letzten Ferienwochen zu verbringen – randvoll mit Erlebnissen und Arbeit. Sie besuchen die Maler Hans am Ende und Heinrich Vogeler im Atelier, durchstreifen die Landschaft und machen eine Kanalfahrt auf der Hamme. Nicht selten steht Paula im Mondschein noch an der Staffelei, bevor sie nach einem langen, fleißigen Tag totmüde, aber überglücklich ins Bett sinkt.

# Worpsweder Künstlerkolonie

Worpswede, eigentlich ein unbedeutendes niedersächsisches Dorf im Teufelsmoor in der Nähe von Bremen, ist heute ein bekanntes touristisches Ziel. Es sind die Spuren der 1889 gegründeten Künstlerkolonie, die jeden Sommer tausende von Kunstinteressierten anziehen und begeistern. Sechs Künstler ließen sich vor der Jahrhundertwende hier nieder, um abseits der Großstadt alternative Lebens- und Arbeitsformen zu praktizieren. Freilichtmalerei war damals, dem Vorbild der Schule von Barbizon folgend, das Zauberwort. Der Düsseldorfer Kunststudent Fritz Mackensen (1866–1953) hatte auf Einladung der Kaufmannstochter Emilie (Mimi) Stolte Worpswede 1884 erstmals besucht und war sofort angetan von den Stimmungen und Farben der künstlerisch noch unentdeckten Flachlandschaft, ihren spektakulären Sonnenuntergängen und sich auftürmenden Wolkenbergen. Mit seiner Euphorie begeisterte er auch seine Künstlerkollegen Otto Modersohn (1865–1943) und Hans am Ende (1864–1918), die ihm 1889 folgten. Anfang der 1890er-Jahre gesellten sich Fritz Overbeck (1869–1909) und Heinrich Vogeler (1872–1942) hinzu, Carl Vinnen (1863–1922) war dem Künstlerkreis locker verbunden.

Hans am Ende, Otto Modersohn, Fritz Overbeck und Fritz Mackensen in Worpswede, um 1895

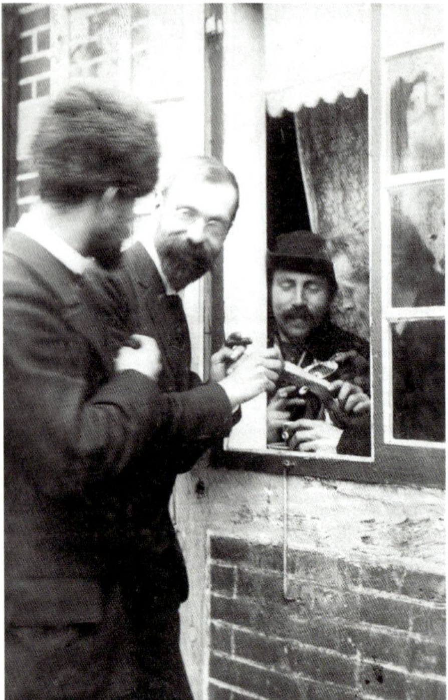

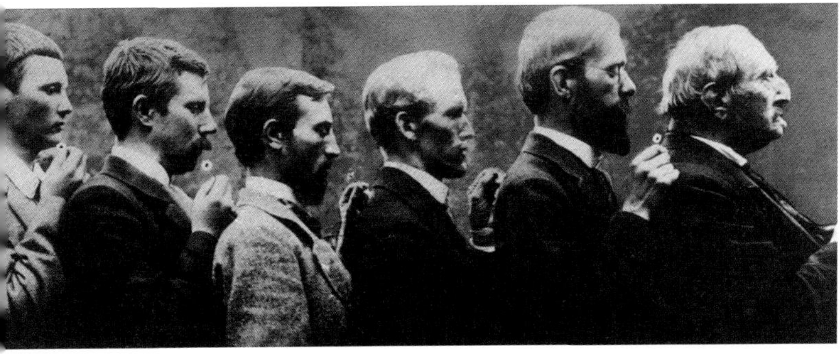

„Gänseblümchenparade" in Worpswede, 1895
von links nach rechts: Heinrich Vogeler, Fritz Overbeck, Hans Müller-Brauel,
Fritz Mackensen, Otto Modersohn, Hermann Allmers

1894 gründete die Gruppe die Künstler-Vereinigung Worpswede, 1895 folgte die erste gemeinsame Ausstellung in der Kunsthalle Bremen. Die Reaktionen waren ambivalent: Die Maler wurden als „Apostel des Hässlichen" bezeichnet, die Ausstellung als „Lachkabinett". Doch nur wenige Monate später aber brachte die Jahresausstellung im Münchner Glaspalast den Durchbruch – es begann ein phänomenaler Siegeszug, die Künstler aus dem Teufelsmoor waren fortan in aller Munde.

Mit dem Erfolg stellten sich auch die ersten Schüler ein, vorwiegend junge Frauen, die in den Ateliers von Fritz Mackensen und Fritz Overbeck arbeiteten und lernten: Hermine Rohte (1869–1937) und Marie Bock (1867–1956), Studentinnen der Damenakademie des Münchner Künstlerinnenvereins, Clara Westhoff (1878–1954), Paula Becker und Ottilie Reylaender (1882–1965).

Künstlerische und menschliche Differenzen führten schon 1899 zum Bruch der Künstler-Vereinigung, doch die Ankunft der jungen Künstlerinnen hatte noch einmal das Worpsweder Lebensgefühl intensiviert. Verlobungen wurden geschlossen und Hochzeiten gefeiert. Heinrich Vogelers luxuriöse Villa wurde dabei zum Mittelpunkt der „Barkenhoff-Familie", bevor die erste Worpsweder Künstlergeneration schließlich durch Trennungen, Weggang und Tod nach kaum mehr als zehn Jahren auseinanderbrach.

# Erster Sommer in Worpswede

## „GLÜCKSMÄDEL“

Dann, Ende 1897, droht erneut die finanzielle Katastrophe und mit ihr die väterliche Aufforderung, sich nach einer Gouvernantenstelle umzusehen. „Auch Du, mein liebes Kind, musst an die Zukunft denken und Dich [...] selbständig machen“, heißt es von zu Hause. Und tapfer antwortet die Tochter: „Ich will mich schon durch das Leben schlagen, mir ist auch nicht bange davor.“ Doch bereits kurz darauf folgt erneut die Erlösung. Eine Erbschaft von 600 Mark legt den Grundstock. Doch damit nicht genug: Dresdner Verwandte verdoppeln die Summe und ermöglichen damit ihre Ausbildung der nächsten zwei bis drei Jahre. Nach Abschluss des Berliner Studiums darf Paula nach Worpswede zurückkehren und bei Fritz Mackensen, der zu den Gründern der Künstlerkolonie gehört und ein erfolgreicher, mit Medaillen und Preisen geehrter Künstler ist, Unterricht nehmen. Am 7. September 1898 kommt Paula an und mietet sich ein kleines Zimmer beim Bäcker Siem am Ortseingang. Es ist nur eine winzige Kammer, doch die 22-Jährige ist überglücklich. „In meinem Herzen Seligkeit und Frieden“, schreibt sie an ihrem ersten Worpsweder Abend.

Die Zeit bei Mackensen erweist sich als große Chance. Er ist ein guter Lehrer, sein Unterricht ist systematisch und professionell. Zwei Stunden Korrektur am Vormittag, manchmal auch nachmittags, am Abend nicht selten Aktzeichnen. Während dieser Zeiten, aber auch in den freien Stunden entstehen zahlreiche Akte sowie großformatige Porträtzeichnungen, bildmäßig ausgearbeitet in Kohle und farbiger Kreide. Die Skizzenbücher füllen sich zudem mit Landschaftszeichnungen und Kompositionsstudien.

---

* **ALS NATURALISMUS** *wird eine künstlerische Methode bezeichnet, die bestrebt ist, die Natur ohne Idealisierung so wirklichkeitsnah und detailtreu wie möglich wiederzugeben. Als Strömung der bildenden Kunst lässt sich der Naturalismus vor allem in der Zeit von circa 1850 bis 1900 einordnen.*

Mackensens künstlerische Auffassung ist einem strengen **Naturalismus*** verpflichtet, alles steht unter dem Zeichen detailgenauer Naturnachahmung. Und so zeigen auch die Studien seiner Schülerin zumeist eine wahrheitsgetreue Umsetzung des Gesehenen. Zerfurchte, sonnengegerbte Gesichter, sorgfältig erfasste physiognomische Besonderheiten – die Kohlestudien jener Zeit präsentieren detailreich ausgearbeitete Charakterköpfe. Doch äußert Paula Becker schon sehr früh auch eigene künstlerische Ansichten, beugt sich weder sklavisch dem Diktat einer pedantisch genauen Wiedergabe der Wirklichkeit, noch teilt sie uneingeschränkt den heimatverbundenen Realismus ihres Lehrers. Und so lässt sich schon in jenen Jahren bisweilen eine große, monumentale Vereinfachung der Form erkennen, die ihr Werk später noch prägen wird. Was Mackensen als Unfähigkeit der Anfängerin interpretiert, erschließt sich in der Rückschau als Paula Modersohn-Beckers eigene künstlerische Handschrift. Doch zunächst bleibt sie noch zögerlich und meint: „Ich lasse zu viel meinen eigenen kleinen Menschen in den Vordergrund treten."

## WORPSWEDER MODELLE

Doch wen malt oder zeichnet man in einem einsamen Nest wie Worpswede? Professionelle Modelle wie an den Akademien wird man vergebens suchen, aber im Dorf und in der Umgebung gibt es Menschen, die sich mit dem bescheidenen Modellgeld ein Zubrot zum kärglichen Dasein verdienen. Es sind die Alten und Gebrechlichen, junge Mütter mit ihren unehelichen Kindern, Waisenknaben und -mädchen, die Bewohner des Armen- und Arbeitshauses: der „Hochedle von Bredow", der im Armenhaus die Kuh hütet, die „alte Olheit" Adelheit Böttcher, ein fünfjähriges

> Ich habe eine junge Mutter gezeichnet mit dem Kinde an der Brust, in ihrer rauchigen Hütte sitzend. Wenn ich das einmal malen kann, was ich dabei empfunden habe!
>
> Tagebuch, 29. Oktober 1898

Mädchen, das von seiner Mutter fast zu Tode geprügelt wurde, eine „strotzende Blondine“ mit einem „leuchtenden Hals in der Form der *Venus von Milo*“, und Meta Fijol mit ihrem „frommen Cäciliengesicht“ – eine energische kleine Person, die sich von Paula Becker durch eine Mark dazu verleiten lässt, sogar im Akt Modell zu stehen. „Sie ist ein kleines, schiefbeiniges Geschöpflein“, schreibt die Künstlerin 1898 in ihr Tagebuch, „und doch bin ich froh, wieder einmal einen Akt in Muße zu betrachten.“ Das Armenhaus wird von nun an Paula Beckers bevorzugter Arbeitsplatz, „ihre Worpsweder Leute“ werden sie begleiten bis zu ihrem frühen Tod.

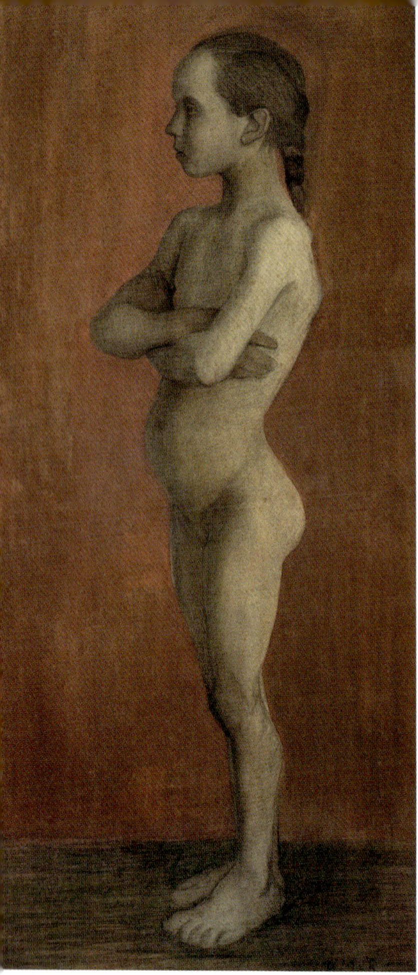

**Stehender Mädchenakt nach links, Arme verschränkt**, 1899, Kohle, Rötel und Farbkreiden, 136 x 68 cm

## FREUNDINNEN FÜRS LEBEN?

Paula Becker arbeitet hart, aber sie liest auch viel, wandert und tanzt gerne – kurzum, sie genießt ihr Leben in vollen Zügen. Auch erste, wichtige Freundschaften mit gleichgesinnten jungen Künstlerinnen werden geknüpft. Denn mit dem großen Erfolg der Worpsweder Künstlervereinigung auf der Jahresausstellung im Münchner Glaspalast 1895 sind auch andere junge Kunststudentinnen aufmerksam geworden und nach Worpswede gepilgert, um hier Unterricht zu erhalten. Für die Maler ist es eine willkommene Verdienstmöglichkeit, für die jungen Frauen eine Chance auf professionelle künst-

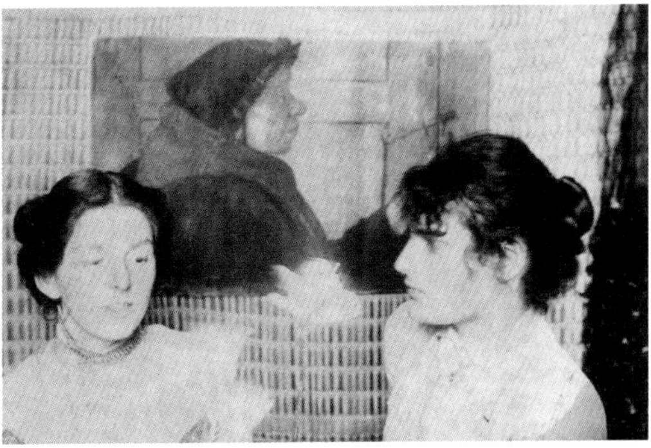

Paula Becker und Clara Westhoff in Paulas Atelier, um 1899, an der Wand die Zeichnung *Alte Armenhäuslerin*

lerische Ausbildung. Als Erste sind im Sommer 1896 Marie Bock und Hermine Rohte gekommen. Die Schülerinnen der Damenakademie des Münchner Künstlerinnenvereins erhalten bei Fritz Overbeck Unterricht. Bei Mackensen hat im Frühjahr 1898 zudem Clara Westhoff mit dem Studium begonnen. Ihr und Paula folgt bald die blutjunge Ottilie Reylaender. Clara ist eine Bremer Kaufmannstochter, die mit 17 Jahren ihr Elterhaus verlassen hat, um Künstlerin zu werden – eine hochgewachsene junge Frau von kräftiger Statur, mit schönen dunklen Locken und einem ausgeprägten, kantigen Gesicht. Hier, bei Mackensen und mit seiner Unterstützung, findet sie ihre künstlerischen Ziele. Bildhauerin möchte sie werden und wird damit zu den ganz wenigen gehören, die zu jener Zeit in diese Männerdomäne einzudringen versuchen. Eine mutige Entscheidung und ein vermutlich einsamer Weg. Kein Wunder, dass sie Paulas Herz im Sturm erobert – Clara teilt ihre Ziele, ihre Begeisterung, ihre Ernsthaftigkeit, ihre Träume und Ideale. Schnell wird sie zu einer engen Vertrauten, zur „Schwesternseele". „Die mochte ich zur Freundin haben. Groß und prachtvoll anzusehen ist sie und so ist sie als Mensch und so ist sie als Künstler." Das Leben hat Flügel.

## VERNICHTENDE KRITIK

Kurz vor Weihnachten 1899 dann die erste öffentliche Präsentation ihrer Arbeiten: Chance und Herausforderung, ganz sicher auch mit Lampenfieber verbunden, denn Gustav Pauli, der Direktor der Bremer Kunsthalle, öffnet ihren Werken und denen von Marie Bock und Clara Westhoff seine heiligen Hallen. Die Katastrophe aber lässt

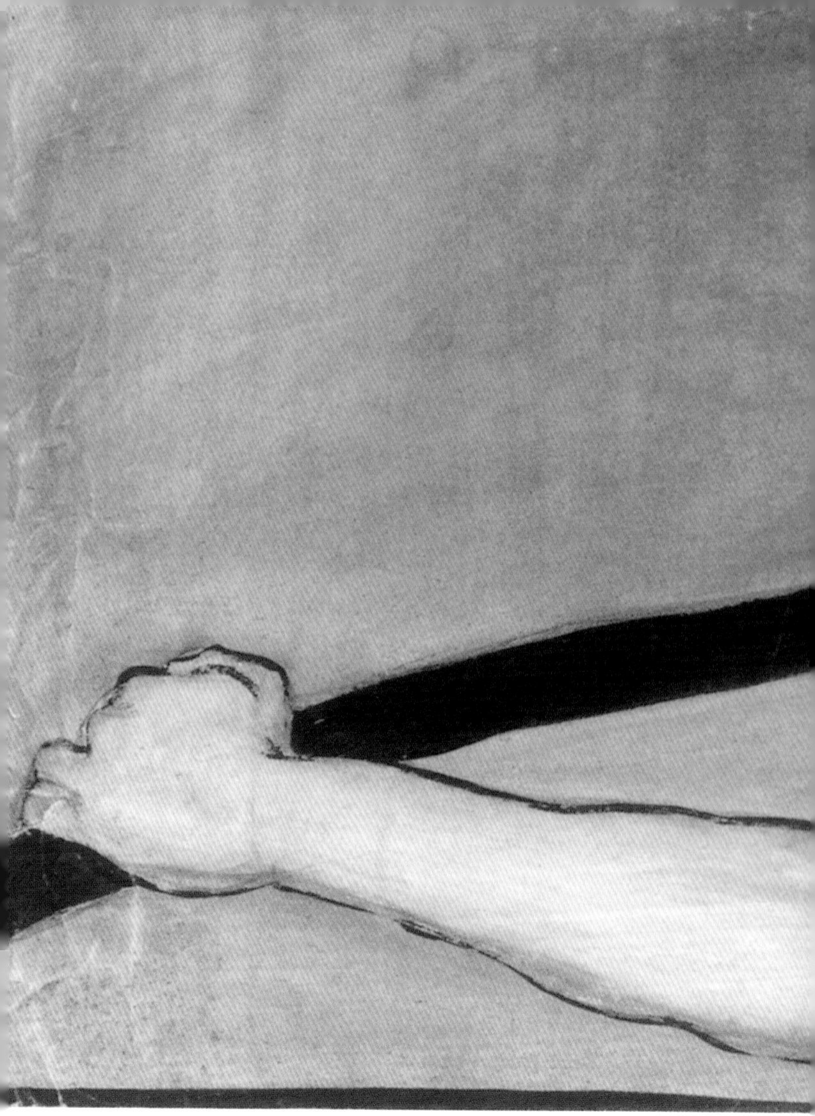

**Bäuerin, eine Astgabel tragend**, 1898/99,
Tusche, Pastell und Bleistift, 44,5 x 74,5 cm

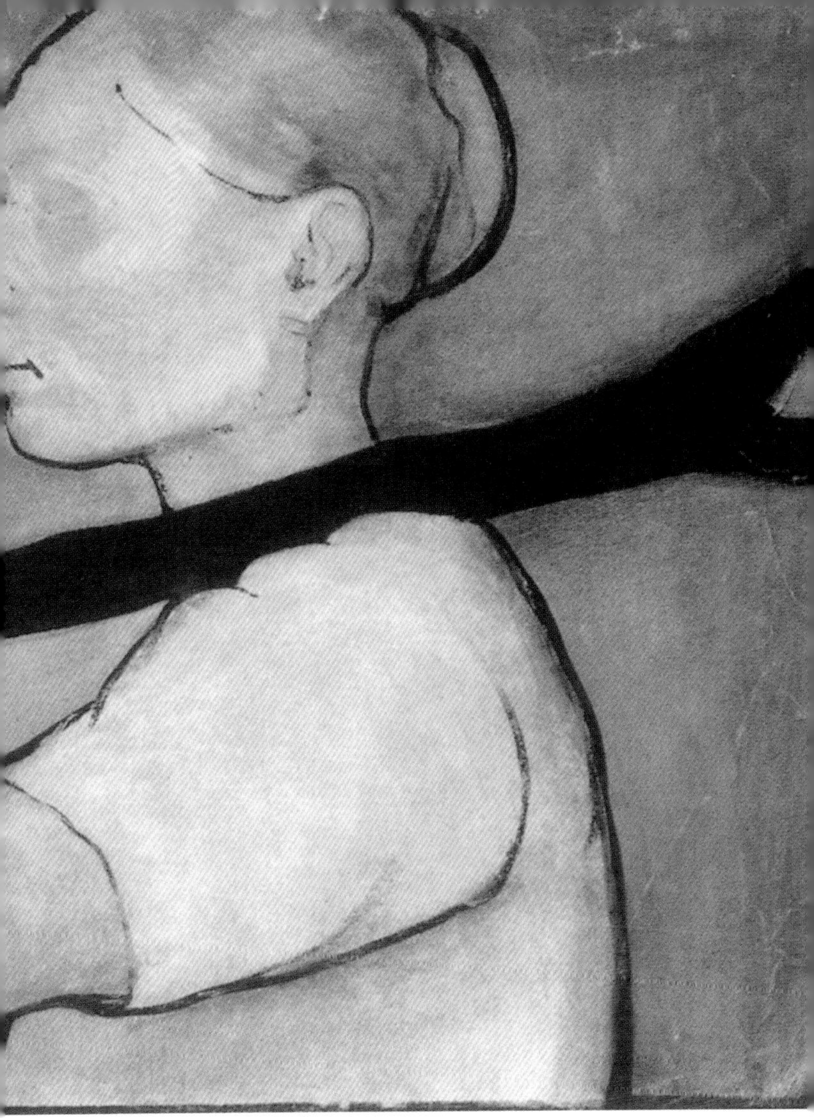

kaum fünf Tage auf sich warten. In der Bremer *Weser-Zeitung* vom 20. Dezember 1899 ist zu lesen: „Unsere heutigen Notizen müssen wir leider beginnen mit dem Ausdrucke tiefen Bedauerns darüber, dass es so unqualificirbaren Leistungen wie den genannten Studien von Marie Bock und Paula Boecker [!] gelungen ist, den Weg in die Ausstellungsräume unserer Kunsthalle zu finden [...]. Für die Arbeiten der beiden genannten Damen reicht der Wörterschatz einer reinlichen Sprachen nicht aus, und bei einer unreinlichen wollen wir keine Anleihe machen." Die höhnische Kritik entstammt der spitzen Feder von Artur Fitger, Kunstkritiker, Schriftsteller, lokaler Malerfürst und Vertreter eines konservativen Kunstgeschmacks. Sein niederschmetterndes Urteil ist heute längst revidiert, der einstige Kunstpapst der Lächerlichkeit preisgegeben, sein Name nur noch erwähnenswert im Zusammenhang mit dieser Schmähschrift. Doch damals? Was für eine Schmach, was für eine Eklat! Noch am selben Tag entfernt Paula Becker ihre Arbeiten aus der Kunsthalle. Die Blamage aber, die Verunsicherung bleiben. Erregte Diskussionen im Elternhaus, Wasser auf die Mühlen ihres Vaters, der immer wieder Zweifel am eingeschlagenen Weg seiner Tochter gehegt und auch geäußert hatte: War es ein Fehler gewesen, dem Willen Paulas nachzugeben?

Nur Paula selbst lässt sich bei all dem Trubel um ihre Person nicht beirren. Sie bleibt aufrecht, lässt sich weder einschüchtern noch zum Aufgeben bewegen. Kein Zweifel, dass sie weitermachen wird. Doch erst einmal weg von hier, die „Fitgergespräche" hinter sich lassen. Am frühen Neujahrsmorgen um halb zwei sitzt sie im Nachtexpress Bremen–Paris. Ihre letzten Notizen vor der Fahrt waren an Otto Modersohn gerichtet: „Das wird ein lieblich Stündlein geben, wenn ich diesen Bremer Staub von den Füßen schüttele. Hurrah! [...] im neuen Jahrhundert werde ich in diesem großen Sündenloch von Paris oft an Ihr liebes, stilles Häuslein denken."

# Aus der Ferne lockt Paris

## ZIEL IHRER SEHNSÜCHTE

Was in der Rückschau wie eine überstürzte Flucht anmuten mag, ist sorgfältig geplant und vorbereitet. Denn schon lange hat die Stadt der Künstler, des Montmartre und des Montparnasse gelockt, sie ist schon seit Jahren das Ziel ihrer Sehnsucht. Bereits am ersten Worpsweder Abend hat Paula geschrieben: „Ich genieße mein Leben mit jedem Atemzug und in der Ferne glüht, leuchtet Paris." Nun endlich wird ihr Herzenswunsch Wirklichkeit. Nach 17 Stunden fährt der Zug in den Gare du Nord ein. Von hier aus geht es erst einmal ins Grand Hôtel de la Haute Loire am Boulevard Raspail 203, wo sie ein winziges Zimmer gemietet hat, Tür an Tür mit Clara Westhoff, der engen Worpsweder Freundin, die schon seit einigen Wochen in Paris weilt und Bildhauerkurse in der Privatschule Académie Julian belegt hat. Später wird Paula die schmuddelige Kammer gegen ein Zimmer im Hofgebäude eines Atelierhauses in der Rue Campagne-Première eintauschen, wo der junge Pablo Picasso einer ihrer Nachfolger sein wird. Doch zunächst einmal: ein langer Abend mit intensiven Gesprächen, froh, die Freundin wieder in ihrer Nähe zu wissen.

> **Ich liebe die Kunst. Ich diene ihr auf Knien, und sie muß die Meine werden.**
>
> Tagebuch, 29. Oktober 1898

Dann später gemeinsame Ausflüge in die Stadt, Besuche im Louvre, im Musée du Luxembourg, Vorlesungen über Kunstgeschichte an der Sorbonne, ein Anatomie-Kurs an der École des Beaux-Arts und ein Besuch der Kunstschau der Weltausstellung. Auch Kontakte mit anderen Künstlern werden geknüpft: darunter der Bildhauer Karl Albiker und Emil Nolde mit seiner Freundin, der Hamburger Malerin Emmi Walther. Das Leben ist prallvoll – und wieder einmal ganz und gar der Kunst gewidmet. Eigentliches Ziel des Aufenthalts aber ist die Académie Colarossi, um die Jahrhundertwende eine der bekanntesten privaten Kunstschulen in Paris. Philippo Colarossi, ein ehe-

**Selbstbildnis vor Fensterausblick auf Pariser Häuser,**
1900, Papier auf Pappe, 39 x 25,5 cm

maliges Aktmodell italienischer Herkunft, hatte 1871 die Schule gegründet, die sich schnell zu einem Auffangbecken für all jene entwickelte, die an der staatlichen École des Beaux-Arts nicht zugelassen wurden. Bei Colarossi gibt es keine Aufnahmeprüfung, gleichwohl aber ein großes Angebot an qualifizierten Lehrkräften. Kernstück des Unterrichts ist, den akademischen Gepflogenheiten entsprechend, das Aktstudium. Keine Selbstverständlichkeit für Frauen, denen das Studium des nackten Körpers meist aus moralischen Gründen verweigert wird. Paula Becker nutzt die sich bietende Möglichkeit und studiert in der Aktklasse, „morgens mit den Weiblein, abends mit den Männlein“. Die dort entstandenen Zeichnungen sind bewegter, abwechslungsreicher und natürlicher in den Haltungen als die Berliner Akte, sie sind nicht pedantisch ausgearbeitet, sondern locker hingeworfene, unspektakuläre Studien, mit Kohle schnell und summarisch erfasst.

Aber Paula wäre nicht Paula, wenn sie sich nur als Schülerin verstehen würde. Abseits des Unterrichts entstehen erste wichtige Gemälde: Ein Blick aus dem Atelierfenster über die Häuser und Dächer der großen Stadt, darüber hinaus das großartige *Selbstporträt vor Fensterausblick auf Pariser Häuser*. Frontal und flächig setzt sie das eigene Gesicht vor die Silhouette der Stadt, den Kragen hochgeschlossen, den Kopf erhoben, Blick und Physiognomie mit tiefem Ernst. Es ist das stolze Selbstbild einer jungen Frau, die ihre Lebensaufgabe gefunden hat, ihre Berufung mit Nachhaltigkeit verfolgt und sich durch nichts davon abbringen lassen wird – dieses Gemälde ist ein Statement.

## „WISSEN SIE NOCH 1900 BEI VOLLARD“

Das Tagebuch ist Paula Beckers ständiger Begleiter, ihm vertraut sie das Wechselspiel ihrer Gefühle in der tosenden Metropole, den Nachhall der auf sie einstürzenden künstlerischen Erlebnisse an. In langen Briefen an die Eltern, die Geschwister sowie die Worpsweder Künstlerfreunde Marie Bock, Heinrich Vogeler und das Ehepaar Modersohn

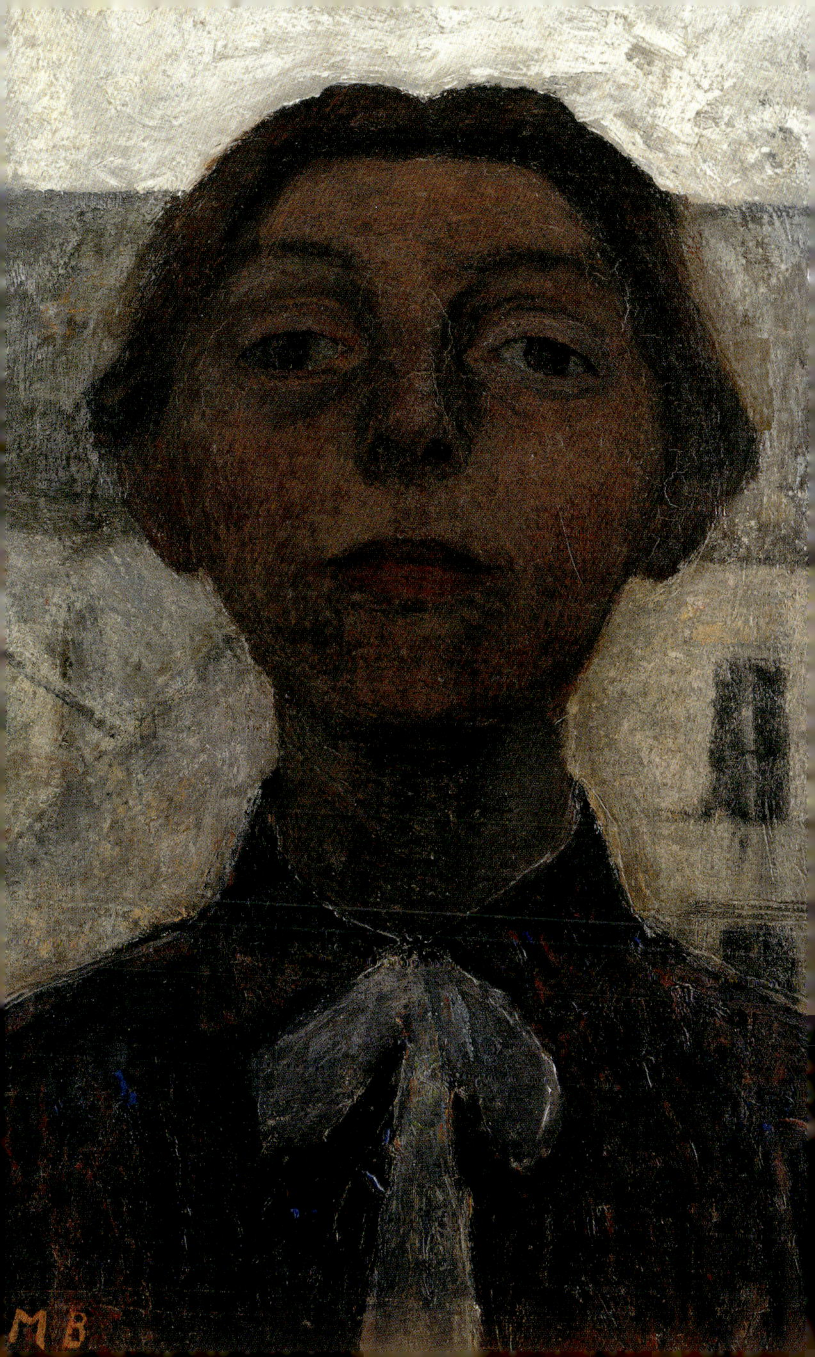
M B

schildert sie ausführlich ihren Alltag, ihre Vergnügungen und ihre Fortschritte in der Kunst. Aber auch die Stunden des Zweifelns, in denen ihr die Stadt elend und scheußlich vorkommt. Über ein Ereignis – das vermutlich folgenreichste ihrer Reise – verliert sie jedoch kein einziges Wort. Die Rede ist von ihrer Begegnung mit Gemälden von Paul Cézanne in der berühmten Rue Lafitte, der Straße der Kunsthändler. Erst sieben Jahre später, in ihrem letzten Brief an ihre Freundin Clara Westhoff vom 21. Oktober 1907 wird die Künstlerin Cézanne als einen ihrer drei oder vier wichtigsten Vorbilder erwähnen: Er habe auf sie gewirkt wie ein Gewitter und ein großes Ereignis. Wir erkennen die künstlerische Wahlverwandtschaft zwar in ihren Werken, aber auch heute noch würden wir im Dunkeln tappen oder uns in Vermutungen ergehen, gäbe es nicht die Schilderung von Clara Westhoff: „Eines Tages forderte sie mich auf, sie bei einem Weg ans andere Seine-Ufer zu begleiten, um mir dort etwas Besonderes zu zeigen. Sie führte mich zu dem Kunsthändler Vollard und begann in seinem Laden gleich – da man uns ungestört ließ – die an die Wand gestellten Bilder umzudrehen und mit großer Sicherheit einige auszuwählen, die von einer neuen, wie es schien Paulas Art verwandten Einfachheit waren. Es waren Bilder von Cézanne, den wir beide zum ersten mal sahen. Wir kannten nicht einmal seinen Namen. Paula hatte ihn auf ihre Art entdeckt; und diese Entdeckung war für sie eine unerwartete Bestätigung ihres eigenen künstlerischen Suchens."

Zu dieser Zeit ist Cézanne in Deutschland noch ein Unbekannter, erst 1909 wird der umtriebige Berliner Galerist Paul Cassirer ihn erstmals ausstellen. Paula Becker erkennt schon jetzt seine künstlerische Bedeutung und hat ein tiefgreifendes Verständnis für seine Arbeit. Man sieht es in ihren Gemälden. So beispielsweise in *Stillleben mit Äpfeln und Bananen* von etwa 1905. Zwei kunstvoll drapierte Tischtücher, ein Korb mit Früchten, einige verstreute Äpfel und Bananen – es ist das Repertoire der einfachen Motive, die Steigerung der Farben durch die Wahl der Komplementärfarben Rot und Grün, vor allem aber die perspektivische Verzerrung, die an ihr Vorbild erinnern. Während der

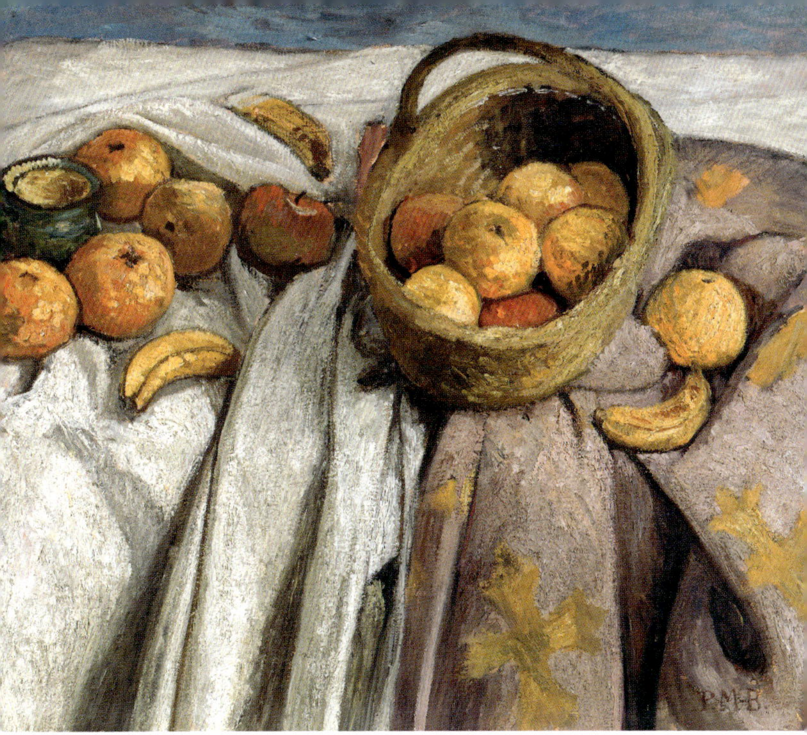

**Stillleben mit Äpfeln und Bananen**, um 1905, Öl auf Leinwand, 68 x 84 cm

Obstkorb von oben gesehen ist, ist die kleine grüne Kanne aus seitlicher Perspektive erfasst. Das Tischtuch scheint fast die Haftung zu verlieren, jeden Moment hinabzurutschen und alles mit sich zu reißen. Es geht – bei Cézanne ebenso wie Modersohn-Becker – um nichts Geringeres als um die Aufhebung der klassischen Zentralperspektive zugunsten eines mehransichtigen Bildraums, in dem jedes einzelne Bildelement die volle Konzentration des Betrachters einfordert.

## WORPSWEDE REIST NACH PARIS

Während Paula Becker in der französischen Hauptstadt auf den Spuren der Kunst wandelt, werden auch in Worpswede Reisevorbereitungen getroffen. Die Künstlerin hat ihre Malerkollegen eingeladen, ja geradezu bedrängt, sie in der Hauptstadt zu besuchen. Denn manchmal denkt sie sehnsüchtig an die Heimat, möchte ihre Erleb-

**Modersohn aber hat mir riesig gefallen, durch und durch fein und gemütlich und mit einer Klangfarbe, zu der ich mein Geiglein auch spielen kann.**

Paula Becker an ihren Vater, 9. März 1899

nisse mit den Freunden teilen. Vor allem mit Otto Modersohn. „Sie müssen einfach herkommen", bestürmt sie ihn nach ihrem Besuch der *Internationalen Kunstausstellung* im Mai. „Sie dürfen dies gar nicht an sich vorbeigehen lassen. Gerade Sie mit Ihren Farben. Ich glaube, Sie werden kolossale Anregung finden." Wohl wissend, dass Modersohns Frau schwer lungenkrank ist, fährt sie fort: „Liebe Frau Modersohn, kommen Sie mit. [...] wenn es nicht geht, schicken Sie Ihren Mann alleine fort. Er wird natürlich nicht wollen ohne Sie, aber seien Sie unerbittlich und streng. Geben Sie nicht nach." Zunächst bleibt er standhaft, widersteht der Verlockung, hat Angst, aus seiner Arbeit herausgerissen zu werden, fürchtet Beunruhigung und eventuelle Beeinflussung. Dann aber – wir kennen die Gründe nicht – entschließt er sich doch zur Reise. Paula freut sich riesig. Am 11. Juni trifft die kleine Reisegruppe am Gare du Nord ein, und begeistert werden Fritz Overbeck und Hermine Rohte, inzwischen seine Ehefrau, Marie Bock und Otto Modersohn von Paula und Clara Westhoff empfangen.

Es sind heitere, unbeschwerte Tage. Doch was dann folgt, wird alles verändern. Nicht zuletzt das Leben der jungen Künstlerin selbst. Als die Freunde am Abend des 14. Juni nach einem langen, erlebnisreichen Tag ins Hotel zurückkehren, erreicht Otto Modersohn die Nachricht vom Tod seiner Frau. Noch in derselben Nacht fahren die Worpsweder Freunde zurück nach Deutschland. „Ich komme so bald als möglich nach Hause, wahrscheinlich bin ich Sonntag schon bei Euch", kündigt auch Paula Becker ihren Eltern an. „Dies ist ein sehr trauriger Schluß meiner Pariser und auch meine nächste Worpsweder Zeit wird schwer und traurig sein. Ich habe in diesen Tagen so viel von Modersohn gehabt."

# Die Worpsweder Familie

## ZURÜCK IM TEUFELSMOOR

Ende Juni 1900 ist auch sie zurück in Worpswede. Beim Bauern Brünjes, gleich gegenüber von Heinrich Vogelers Villa Barkenhoff, richtet sie sich eine kleine Kammer als Atelier ein. Die Wände in leuchtendem Ultramarinblau und zartem Türkis getüncht, ein Bett, ein einfacher Tisch mit roten Bauernstühlen, ein paar Krüge, Teller und Tassen, der geliebte ovale Rokokospiegel. Die Malutensilien werden auf einem schmalen Bord platziert, an die Wand ein Stück Stoff mit einem Muster aus Bourbonlilien drapiert. Nun hat sie alles, was sie braucht. Und findet zurück in die Stille des Moordorfes. „Ich wohne jetzt bei Brünjes in Ostendorf, schön in der Stille. Da versuche ich alles Eitle, was die Großstadt mit sich brachte, abzustreifen und einen wahren Menschen und eine feinfühlige Seele und eine Frau aus mir zu machen", notiert sie am 2. Juli in ihr Tagebuch.

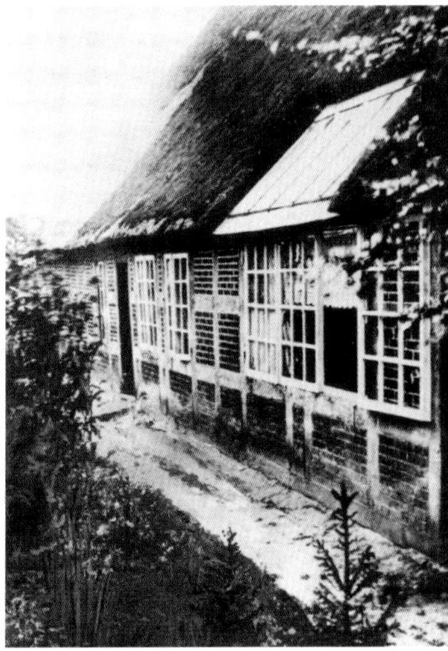

Haus des Bauern Brünjes mit dem von Otto Modersohn für Paula eingebauten Atelierfenster

Ihr Hauptinteresse gilt diesmal der Landschaft. Mit Clara Westhoff streift sie durch die Natur, sucht und findet Motive, liegt im Gras und entwirft die Kompositionen vor ihrem geistigen Auge. Sie malt Wege und Moorkanäle, Landschaften in der Dämmerung und im fahlen Mondlicht, den Weyerberg, Felder und Wiesen. Und Birken, immer wieder Birken, ihre „zarten, schlanken Jungfrauen, die das Auge erfreuen. Mit jener schlappen, träumerischen Grazie, als ob ihnen das Leben noch nicht aufgegangen sei." Schwärmerische Worte, die ihre große Liebe zu dem schönen Stück Land offenbaren.

Endlich kann sie nun auch in Farben schwelgen, nachdem der Unterricht in Paris mit der dort angeratenen Konzentration auf saucige **Valeurs*** sie so frustriert hat. Tiefes Blau und kräftiges Grün, strahlendes Weiß, sattes Braun bis hin zu Schwarz, dabei ungewöhnliche Blickwinkel, ein kräftiger, grober Pinselstrich und nicht selten eine flächige Bildauffassung, bei der Vorder- und Hintergrund sich in einer einzigen Bildebene treffen. Daneben Kompositionen in überschlanken Hochformaten, die einen ersten Höhepunkt ihres künstlerischen Schaffens bilden. Hier rückt das Einzelmotiv in den Vordergrund, dominiert die Bildfläche und scheint das Format fast zu sprengen. Eine radikale Formgebung fragmentiert den Bildgegenstand – die Landschaft wird zur Naturstudie. Mit Siebenmeilenstiefeln marschiert Paula Becker in Richtung Moderne.

**Moorgraben**, 1900, Pappe, 39,5 x 53 cm

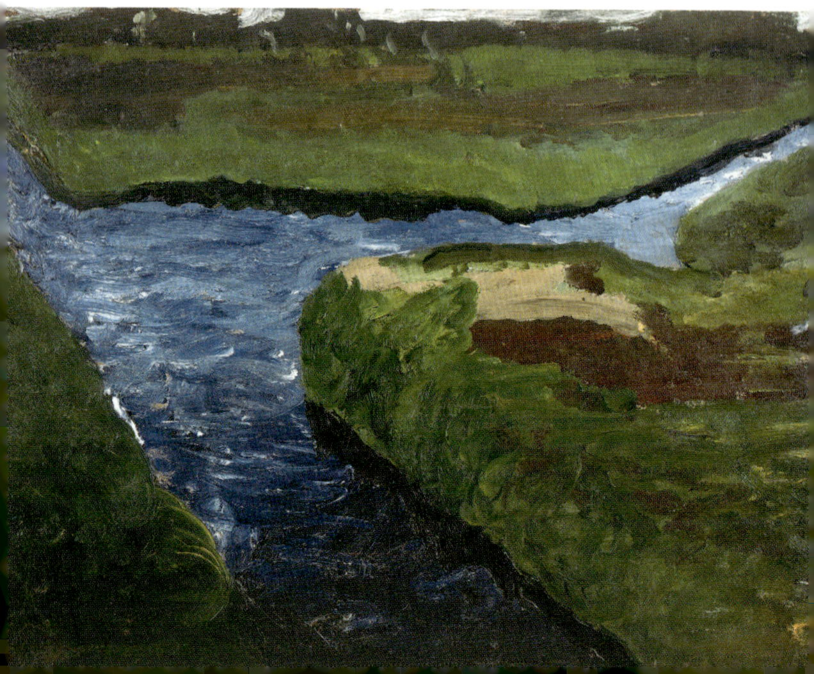

## EINE „DROLLIGE GESCHICHTE“

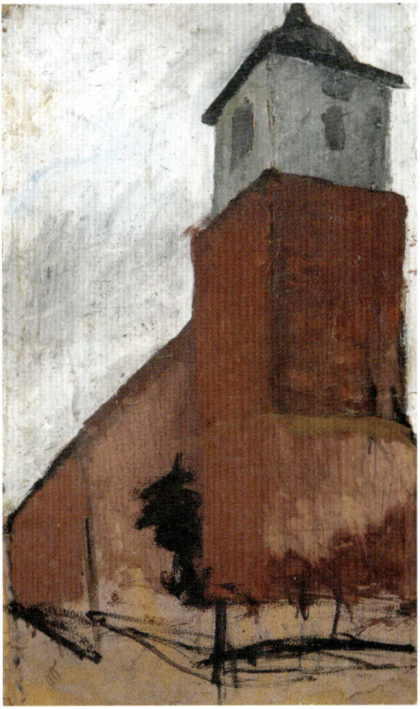

**Worpsweder Kirche**, 1900, Pappe, 72,7 x 45 cm

So auch mit ihrem Bild der Worpsweder Zionskirche. Das Gotteshaus war nicht nur Kernstück des Dorfes, sein Zentrum und Wahrzeichen, sondern auch ein häufiges Motiv der Maler. Der schlichte Backsteinbau mit barockem Turmhelm und weißem Kragen, der auf einer Anhöhe am Weyerberg liegt und mit seinem Turm die weite, flache Ebene überragt, fand Eingang in zahlreiche Gemälde der Worpsweder Künstler. Kaum jemand aber machte ihn zum alleinigen Bildgegenstand, und niemand erfasste seinen charakteristischen Baukörper so kühn wie Paula Modersohn-Becker: Isoliert, aufs Wesentliche reduziert, in stürzender Perspektive und einer monumentalen Flächigkeit. Das Ganze auf Pappe gemalt als eine von unzähligen Ölstudien dieser Jahre.

Mit der Worpsweder Kirche verbindet sich zudem eine Anekdote, die in die Annalen des Dorfes einging. Man stelle sich vor: Worpswede an

---

* **VALEURS** *gehören zu den klassischen Übungsaufgaben des akademischen Curriculums. Unter Valeurmalerei versteht man eine Malerei, bei der feine Tonabstufungen überwiegen. Über eine Kohlezeichnung wird eine braune Grundierung, die sogenannte Sauce, gelegt und in einem zweiten Arbeitsgang Licht und Schatten sowie Zwischentöne in erdigen Farben erarbeitet.*

**Mit jedem Schwunge wurden wir selbst mit hinaufgerissen; wenn ich unten war, sah ich Paula in ihrem weißen Kleid hoch über mir.**

Clara Rilke-Westhoff im *Buch der Freundschaft*, 1931

einem warmen Hochsommertag des Jahres 1900. Nicht unbedingt das richtige Pflaster für zwei unternehmungslustige junge Frauen. Gelangweilt schlendern Paula und Clara durchs Dorf, auf der Suche nach einem Erlebnis, das dem trägen Sonntag eine spannende Wendung zu geben vermag. Eigentlich wollen sie tanzen, doch wo? In Ermangelung einer besseren Alternative landen sie schließlich auf dem Turm der Worpsweder Zionskirche. Hoch oben im Glockenstuhl packt sie der Übermut. Erst zaghaft, schließlich immer entschiedener schlagen sie mit dem Klöppel an. Es dröhnt und klingt über den Weyerberg. Erst als das Läuten verhallt, sehen die jungen Frauen, was sie angestellt haben. Das ganze Dorf ist auf den Beinen, die Feuerwehr hat ihre Spritzen bereits eingespannt. Flugs machen sich die beiden Übeltäterinnen aus dem Staub, werden aber vom Pastor noch erwischt, der mit bleichem Gesicht nur noch ein mehrfaches „Sacrosanctum!" hervorstößt.

Sonnenblumen von Paula Becker und geflügelter Engelskopf von Clara Westhoff, Zionskirche Worpswede, 1900

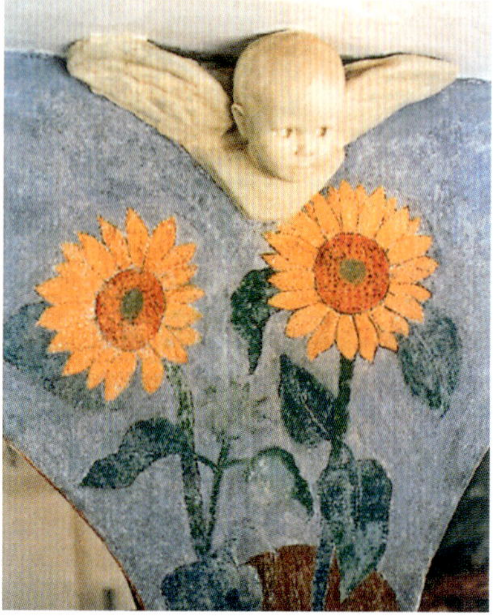

**Clara Westhoff und Paula Becker, Glocke läutend**, 1900, Kohle, 18,5 x 12,5 cm

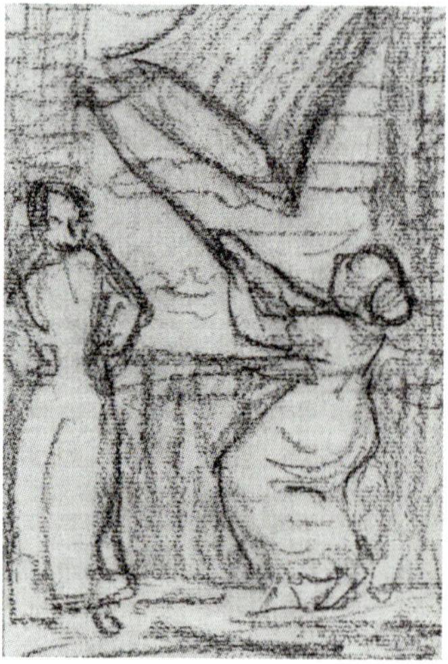

Die Sache bleibt nicht ohne Folgen. Was Otto Modersohn später als eine „drollige Geschichte" bezeichnen wird, empfindet der erzürnte Kirchenvorstand als „groben Unfug und Missbrauch" und übergibt die Angelegenheit der Polizei. 100 Mark Strafe sollen die beiden Frauen zahlen, doch kommen sie noch einmal mit einem blauen Auge davon: Sie dürfen ihre Sühne in Form von Kunstwerken leisten. Und so sind seit jenen Tagen die Emporenbögen der Worpsweder Zionskirche mit entzückenden Engelsköpfen und zauberhaften Sonnenblumen, Tulpen und Seerosen geschmückt. Heute, nach Freilegung und Restaurierung, bieten sie eines der Highlights für jeden kunstliebenden Worpswedebesucher.

## VERLIEBT, VERLOBT ...

Doch zurück zu den Ereignissen des Sommers 1900, in dem die Weichen für die Zukunft gestellt werden. Noch einmal droht das Unglück, als der Vater Paula mitteilt, dass ihre finanziellen Mittel nun endgültig aufgebraucht seien. Sie möge Vernunft walten lassen und sich endlich nach einer Gouvernantenstelle umsehen. In diesen Tagen, in denen alles auf dem Spiel steht, notiert die junge Frau jene schwermütigen, aus heutiger Sicht geradezu prophetischen Zeilen: „Ich weiß, ich werde nicht sehr lange leben. Aber ist das denn traurig? Ist ein Fest schöner, weil es länger ist? Und mein Leben ist ein Fest, ein kurzes, intensives Fest. [...] wenn nun die Liebe mir noch blüht, vordem ich scheide, und wenn ich drei gute Bilder gemalt habe, dann will ich gern scheiden mit Blumen in den Händen und im Haar." Paula Becker ist 24 Jahre alt, eine schwärmerische junge Frau, die sich nichts sehnlicher wünscht als die Liebe. Ist sie nicht auch Otto Modersohns wegen nach Worpswede zurückgekehrt? Schon lange fühlt sie sich zu ihm, dem elf Jahre älteren, schlanken Mann mit dem roten Bart und den weichen, sympathischen Augen, hingezogen. Schon nach der ersten Begegnung 1897 hatte sie notiert: „Ich möchte ihn kennenlernen, diesen Modersohn." Während der wenigen gemeinsamen Pariser Tage jedenfalls haben sie unausgesprochen zusammengehört, das hat Otto Modersohn seinem Tagebuch anvertraut.

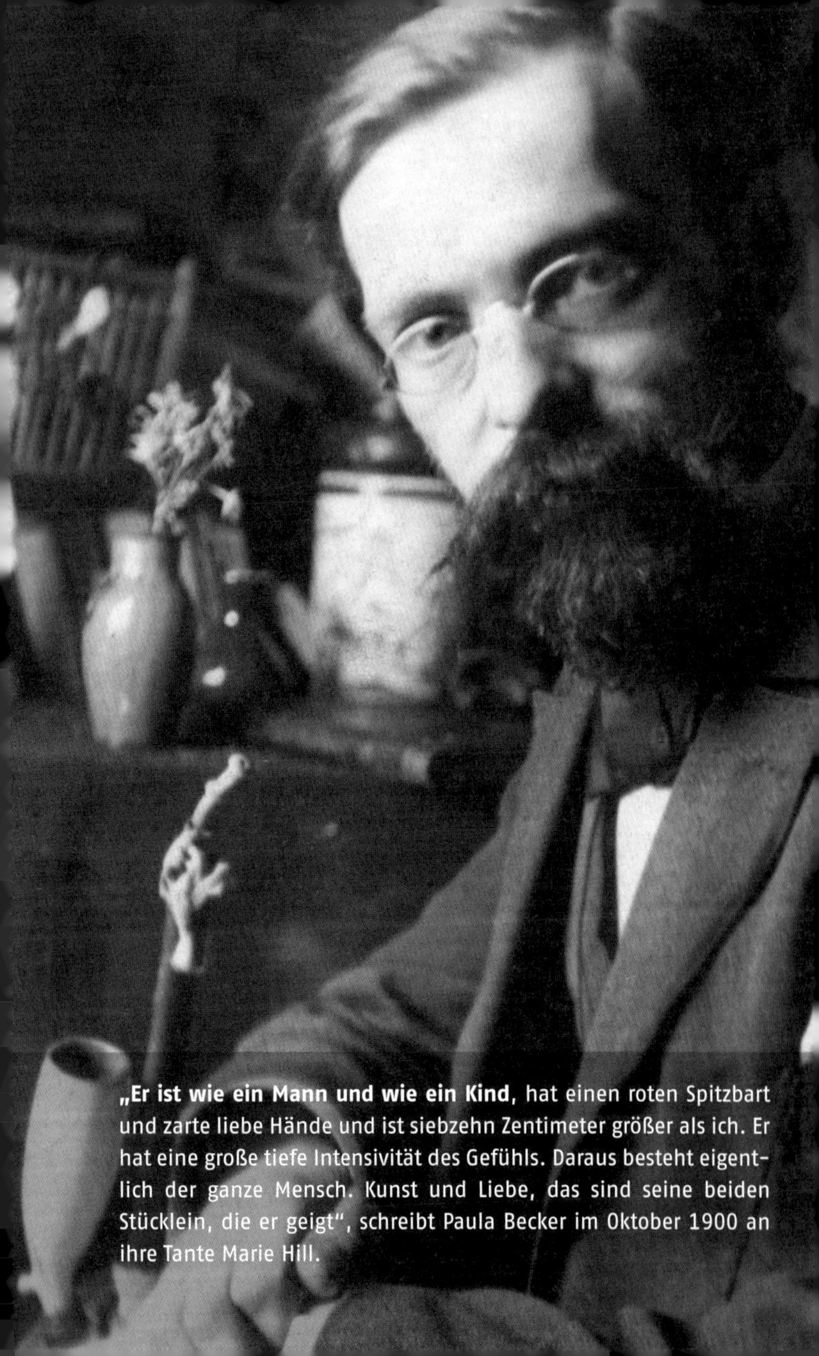

**„Er ist wie ein Mann und wie ein Kind,** hat einen roten Spitzbart und zarte liebe Hände und ist siebzehn Zentimeter größer als ich. Er hat eine große tiefe Intensivität des Gefühls. Daraus besteht eigentlich der ganze Mensch. Kunst und Liebe, das sind seine beiden Stücklein, die er geigt", schreibt Paula Becker im Oktober 1900 an ihre Tante Marie Hill.

Otto Modersohn, um 1893

Er ist ein überaus feinfühliger Mensch, der in diesen Monaten noch voller Trauer um seine verstorbene Ehefrau ist. Nach anfänglichem Zögern – „in der Kunst verstehen wir uns zwar, aber im Leben nie" – erobert die junge Paula in langen, intensiven Gesprächen über die Kunst und das Leben das Herz des Witwers. Und nach den sorgenvollen, von Krankheit überschatteten Jahren verwandelt sich seine Zuneigung bald in die „glühendste Liebe". Nur drei Monate nach dem Tod von Helene Modersohn, am 12. September 1900, verloben sich Otto Modersohn und Paula Becker. Natürlich noch nicht offiziell, sondern heimlich. Und heimlich werden auch die Liebesbriefe ausgetauscht, versteckt unter einem Stein in der Heide, heimlich treffen sich die beiden Verliebten im Kiefernwäldchen hinter der Ziegelei: „Ich bin Dein, Du bist mein, des sollst Du gewiss sein", schreibt Paula an Otto, und Otto vertraut seinem Tagebuch an, wie „wunderbar" seine Liebe sei und welche „köstlichen Seiten" seine Verlobte für ihn habe. „[...] wir fühlten beide, daß wir Gefährten fürs Leben geworden waren." Wieder einmal fügt sich das Schicksal, und die junge, mittellose Malerin findet in dem wohlsituierten Kollegen nicht nur einen verständnisvollen Ehemann, sondern auch eine wirtschaftliche Grundlage für die eigene Zukunft als Künstlerin.

## AUFTRITT RAINER MARIA RILKE

Es wird eine unglaubliche Zeit. Ganz Worpswede schwelgt im Aufbruch der Gefühle: Fritz Overbeck ist – schon seit drei Jahren – mit Hermine Rohte verheiratet, Otto ist in Paula verliebt, und Heinrich Vogeler schwärmt bis über beide Ohren für Martha Schröder, die bildhübsche Tochter der Worpsweder Lehrerwitwe. Nur Rainer Maria Rilke kann sich noch nicht entscheiden. Er ist verzaubert von den beiden „schönen, schlanken Mädchen" – von Paula, der „blonden Malerin" mit dem „Haar von florentinischem Golde" und den „braunen, schauenden Augen", sowie von Clara mit dem „schönen, dunklen Gesicht" und den „schwarzen, leichten, hängenden Locken". Gerade erst ist der junge Dichter aus Russland zurückgekehrt und hat die Trennung von seiner langjährigen Geliebten Lou Andreas-Salomé noch nicht verwunden. Auf Einladung von Heinrich Vogeler besucht er Worpswede und hat Ende August 1900 für sechs Wochen das Giebelzimmer des Barkenhoffs bezogen.

Eine intensive Zeit beginnt, getragen von einem engen künstlerischen Austausch, von Begegnungen, Gemeinsamkeiten und Gefühlen – eine enge Symbiose von Kunst und Leben. Glanzvoller Mittelpunkt ist Vogelers Villa, die ihren Namen dem kleinen Birkenwäldchen verdankt, das der Künstler zur Straße hin pflanzen ließ. All seine Energie und all sein Geld hat er hineingesteckt, um aus dem heruntergekommenen Bauernhaus einen eleganten Wohnsitz zu machen – mit historisierendem Giebel, großer Terrasse und geschwungener Treppe mit Empire-Urnen zum Garten hin. Im „Weißen Saal" trifft sich die Worpsweder Künstlerfamilie bei Kerzenschein in festlichem Ambiente: Heinrich Vogeler und Martha, Otto Modersohn, Marie Bock und Paula Becker, darüber hinaus ihre beiden Schwestern Herma und Milly, Vogelers Bruder Franz und die beiden Worpsweder Gäste, Rainer Maria Rilke und Carl Hauptmann, der Bruder des bekannten Dichters Gerhart Hauptmann, der mit Otto Modersohn befreundet ist. Literarische Abende, Hauskonzerte, Gesellschaften, Tanzabende, nächtliche Kutschfahrten in die Umgebung – es ist ein Sommer, wie es noch keinen zuvor gab in Worpswede.

## SUPPEN, KLÖSSE UND RAGOUTS

Paula Beckers Glück, ja das Glück der ganzen Worpsweder „Familie", scheint perfekt. Doch schon bald ziehen erneut Wolken am Horizont auf. Mit sorgenvollen Ratschlägen entlässt sie der Vater aus seiner Obhut in die des zukünftigen Ehemannes: „Deine Pflicht ist es ganz in Deinem zukünftigen Manne aufzugehen, ganz nach seiner Eigenart und seinen Wünschen Dich ihm zu widmen, sein Wohl immer vor Augen zu haben und Dich durch selbstsüchtige Gedanken nicht leiten zu lassen." Doch Paula Becker ist nicht gewillt, den elterlichen Ermahnungen nachzukommen, ihre eigene Haltung spricht – wie immer – deutliche Worte: „[...] daß ich mich verheirate, soll kein Grund sein, daß

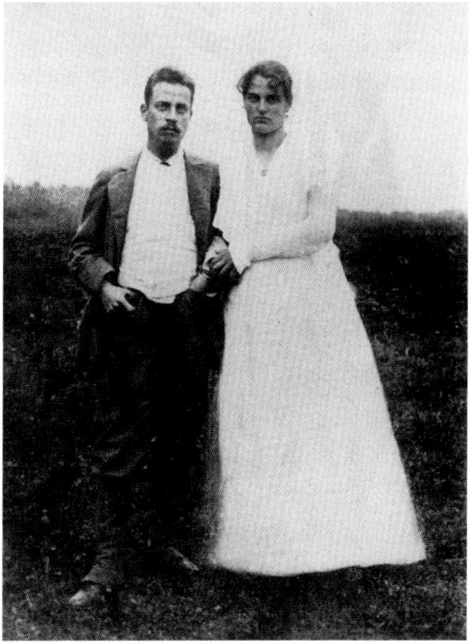

Clara Westhoff und
Rainer Maria Rilke
in Worpswede, 1901

ich nichts werde", schreibt sie ihrer Mutter.

Und doch kommt sie nicht umhin, für eine Weile den Pinsel gegen den Kochlöffel einzutauschen. In Berlin nimmt sie einen von den Eltern verordneten Kurs zur Haushaltsführung wahr. Unermessliche acht Wochen, ein ganzes „Jahrhundert der Kochkunst", soll sie von Otto Modersohn getrennt sein, der Kunst den Rücken kehren und Suppen, Klöße und Ragouts zubereiten? „Komisch, daß gleich vom Anfang der Ehe wir Frauen es sind, denen die Proben auferlegt werden. Ihr Männer dürft einfach so bleiben, wie Ihr seid", schreibt sie am 6. März 1901. Lichtblicke sind Ausstellungs- und Museumsbesuche, Daumier und Rembrandt, Dürer und Böcklin, Ausflüge ins Umland, Konzerte und Theaterbesuche, Gerhart Hauptmann mit seinem *Michael Kramer*. Darüber hinaus Treffen mit Rainer Maria Rilke, der in Berlin weilt, sowie mit Clara Westhoff, die für drei Wochen hinzukommt. Große allgemeine Verwunderung, als die beiden im Februar ihre Verlobung bekannt geben, denn die kräftige, zupackende Bildhauerin und der zarte, mystische Dichter sind ein ungleiches Paar. „[...] und am Freitag Nachmittag – wer kam da?", sollte Otto Modersohn später einmal äußern: „Clara W. mit ihrem Rilkchen unterm Arm." Als das frisch gebackene Brautpaar Berlin verlässt, hält es auch Paula nicht mehr aus. „Immer nur kochen, kochen, kochen", schreibt sie ihrem Verlobten. „Das kann ich nun aber nicht mehr, tue ich auch nicht mehr." Gegen den Willen der Eltern und zur großen Freude von Otto Modersohn beendet sie die „Frühlingsvergeudung". Sie verlässt Berlin Richtung Worpswede. „Ich stehe hier, ich kann nicht anders. Amen." Punkt. Abreise.

# Das Paula Modersohn-Becker Museum in Bremen

Die Böttcherstraße – heute ein touristisches Highlight in der Bremer Altstadt mit zahlreichen Läden, kunsthandwerklichen Ateliers, Restaurants und Museen – war um 1900 eine heruntergekommene Handwerkergasse. Wo einst zwischen Marktplatz und Weser die Fass- und Zubermacher tätig waren, hatte sich der Verfall breitgemacht, nachdem der Hafen Mitte des 19. Jahrhunderts verlegt worden war. Es ist Ludwig Roselius (1874–1943), dem Gründer der Kaffee-Handels-Aktiengesellschaft (Kaffee HAG) und Erfinder des koffeinfreien Kaffees zu verdanken, dass die Straße mit ihren Gebäuden gerettet wurde. Er kaufte zahlreiche Grundstücke, ließ baufällige Häuser abreißen und neue errichten.

Am 2. Juni 1927 wurde die umgestaltete Böttcherstraße offiziell eröffnet. Und mit ihr das Paula-Becker-Modersohn-Haus, das erste Sammlermuseum der Stadt, aber vor allem das weltweit erste einer Malerin gewidmete Museum. Der erfolgreiche Unternehmer interessierte sich

Paula-Modersohn-Becker-Haus, 3. Obergeschoss mit Gemälden Paula Modersohn-Beckers

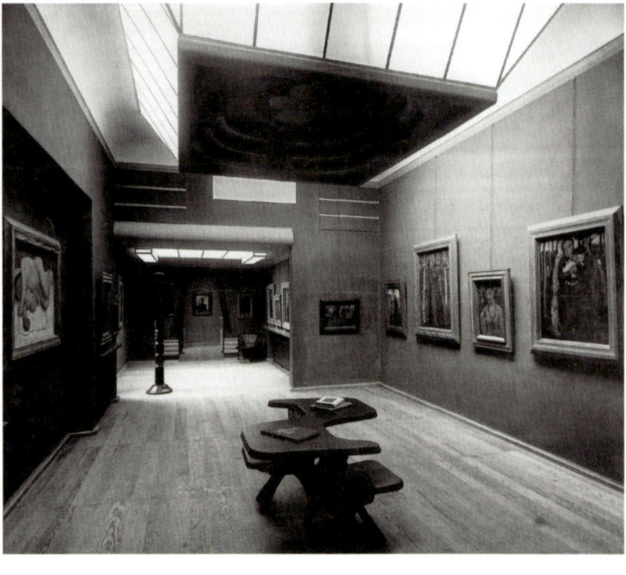

nämlich nicht nur für Antiquitäten und archäologische Fundstücke, sondern auch für die Kunst seiner eigenen Zeit und war ein großer Bewunderer von Paula Modersohn-Becker, einer Tochter der Stadt. Schon früh hatte er einige ihrer Hauptwerke erworben, die nun – mit dem vollendeten Museumsbau – einen würdigen Rahmen erhielten.

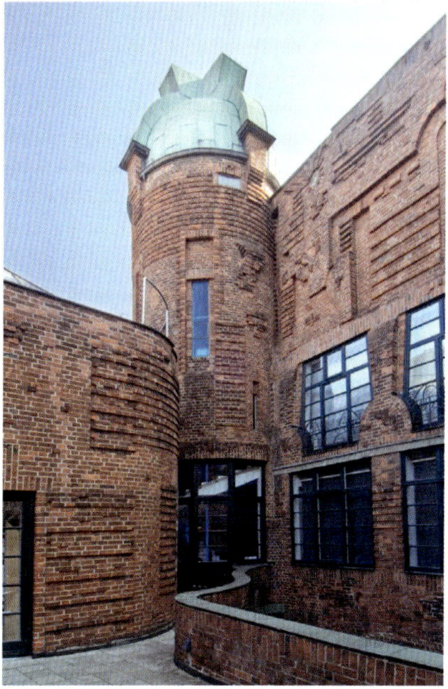

Außenansicht des Paula Modersohn-Becker Museums

Für sein ehrgeiziges Vorhaben hatte der umtriebige Kaffeehändler den Architekten, Bildhauer und Kunsthandwerker Bernhard Hoetger (1874–1949) engagiert, einen engen Freund der Künstlerin. Roselius hatte sich nicht getäuscht in dem Vertrauen, das er Hoetger entgegenbrachte, denn dieser schuf ein großartiges, organisch bewegtes Gebäude, das heute als eines der bedeutendsten Beispiele expressionistischer Backsteinarchitektur in Deutschland gilt.

Der Kernbestand der Gemälde von Ludwig Roselius wurde durch zahlreiche qualitätvolle Leihgaben aus der 1978 von Tille Modersohn, der Tochter der Künstlerin, ins Leben gerufenen Paula Modersohn-Becker Stiftung ergänzt und gibt heute einen umfassenden Einblick in das Schaffen der Künstlerin: Von den Anfängen in der Worpsweder Künstlerkolonie bis zu den avantgardistischen, an der französischen Avantgarde geschulten Monumentalgemälden des Spätwerks. Museum und Sammlung zeugen so – auch durch zahlreiche Sonderausstellungen – vom Aufbruch der deutschen Kunst in die Moderne.

# An der Seite von Otto Modersohn

## KÜNSTLERISCHER WETTSTREIT

Dann wird Hochzeit gefeiert in Worpswede. Im März 1901 Martha und Heinrich Vogeler – wie immer in vornehmer Inszenierung, mit festlich geschmückter Kalesche –, im April Clara und Rainer Maria Rilke und am 25. Mai schließlich Paula und Otto Modersohn: in gedämpfter Stimmung am Krankenbett von Woldemar Becker. Danach Hochzeitsreise nach Berlin, Dresden und Schreiberau, dann weiter nach Prag, München und Dachau – eine erlebnisreiche Zeit. Zurück in Worpswede bezieht das frisch gebackene Ehepaar Otto Modersohns Holzhaus, das nach den Wünschen von Paula Modersohn umgestaltet worden ist. Nun gilt es für die junge Ehefrau und Stiefmutter einer dreijährigen Tochter, den vollmundig formulierten Anspruch umzusetzen und die häuslichen Pflichten in Einklang mit den ehrgeizigen künstlerischen Zielen zu bringen. Wie gut, dass die Malerin in Otto Modersohn einen verständnisvollen, überaus modern denkenden Ehe-

Paula, Elsbeth und Otto Modersohn, 1901

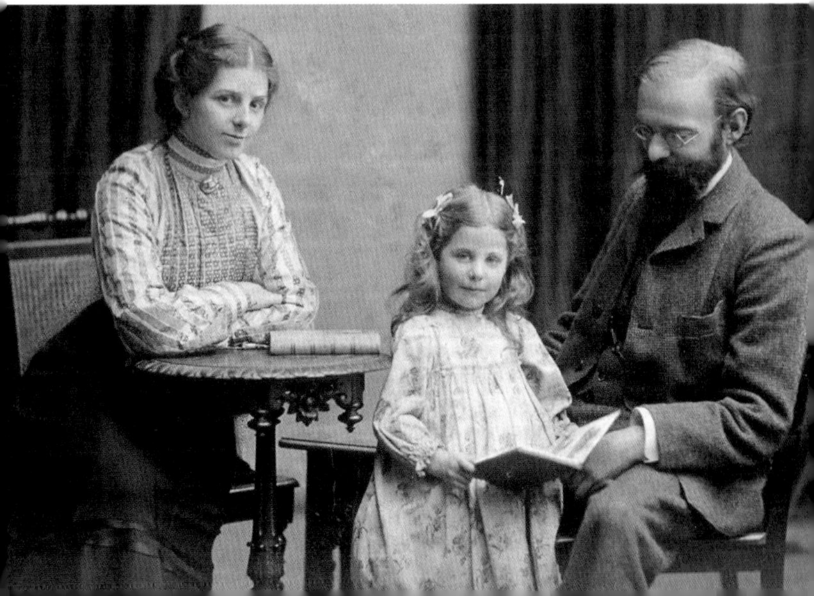

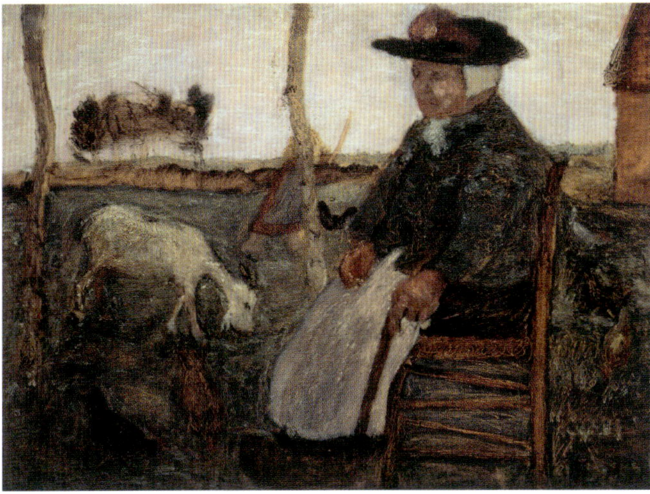

**Alte Bäuerin mit Ziege/Dreebeen mit Ziege und Hühnern**, 1902, Pappe, 51 x 71, 5 cm

mann an ihrer Seite hat. Bereitwillig unterstützt er die Ziele seiner Gattin und tut alles, um sie von den Haushaltspflichten zu entlasten. „Ich finde, eine Frau muß anregen, auch ein geistiges Leben führen – nicht bloß im gewöhnlichen Sinne Frau sein für Haus und Kind. Die furchtbar ordentlichen, geregelten Ehen ohne Freiheit, Witz und Unternehmungen sind langweilig."

Strenge Regeln bestimmen von nun an den Alltag: Die Zeit zwischen sieben und neun ist dem Frühstück und der Erledigung der Haushaltspflichten gewidmet, doch sobald das Hausmädchen da ist, entschwindet Paula ins Atelier beim Bauern Brünjes. Punkt 13 Uhr Mittag essen, ein kleiner Mittagsschlaf, dann um 15 Uhr wieder an die Arbeit bis 19 Uhr. Am Sonntag dann ein Besuch von Otto Modersohn im Atelier, „[...] dann zeigte sie mir, was in der Woche Neues entstanden".

Es ist eine Phase intensiver gegenseitiger Inspiration. Häufig malen beide vor demselben Motiv, die menschenleeren Landschaften Modersohns bevölkern sich nun mit Figuren, und jeder ist erstaunt über die Fülle des Geschaffenen. „Es blüht, grünt und wuchert, ich fühle, wie ich freier, reifer werde, wie ich immer mehr mich finde", schreibt

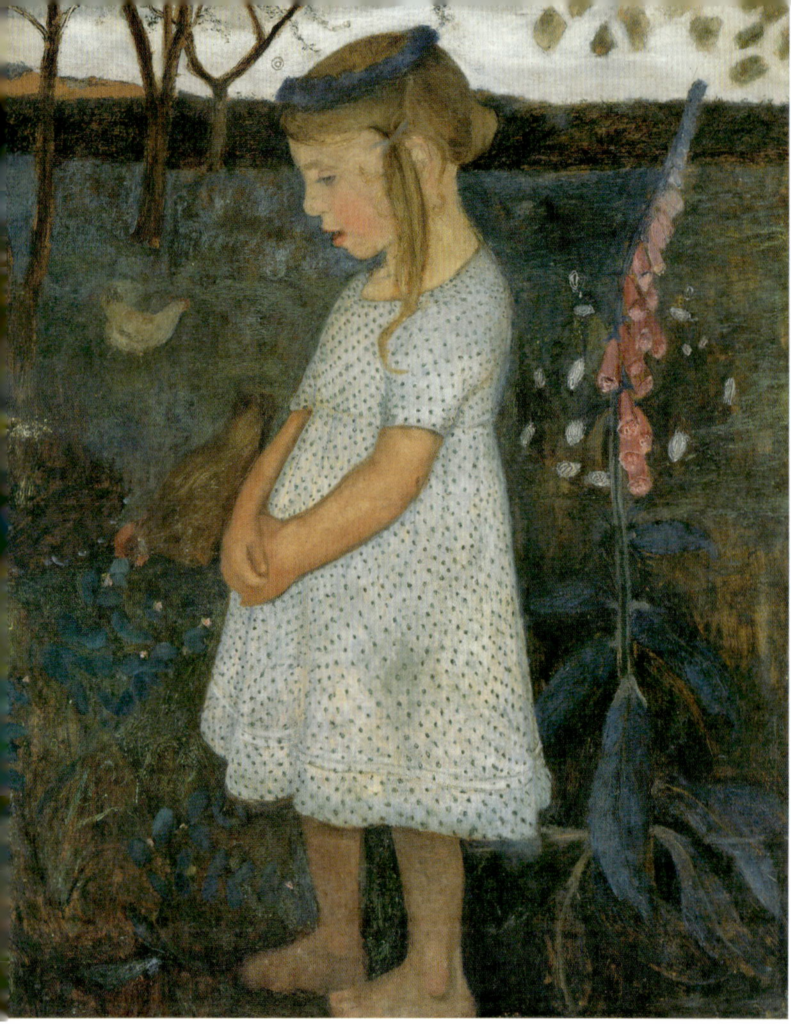

**Elsbeth in Brünjes Garten**, 1902, Pappe, 89 x 71 cm

Otto, und bei Paula Modersohn entstehen in den Jahren 1901 und 1902 mehr als 200 Gemälde. Zwar begeistert sie sich noch einmal – im Wettstreit mit Otto Modersohn – für die Landschaft, doch gilt ihre eigentliche Leidenschaft immer noch und immer wieder dem Menschenbild.

## KINDER, IMMER WIEDER KINDER

Wie schon am Anfang ihrer Worpsweder Jahre sind es vor allem die Kinder, die Paula Modersohn-Beckers künstlerisches Interesse wecken. Sie malt sie in der Landschaft und im Innenraum, am Baumstamm oder im Kinderwagen, in Gruppen oder allein, als ganze Figur oder in Brustbildern, en face oder im strengen Profil, liegend oder stehend, mit Blüten im Haar oder in den Händen, mit Geschwistern oder mit Tieren. Sie malt die Kinder aus dem Dorf und der Umgebung, häufig aber auch ihre Stieftochter Elsbeth. Gänzlich ungeschönt erfasst sie ihr Gegenüber als ein ernst zu nehmendes Individuum, schildert es frei von erzählerischen Anklängen, ohne Verspieltheit oder süßliche Trivialität. Die Malerin erweist sich als eine sensible Beobachterin der kindlichen Psyche, sie legt ihr Augenmerk dabei auch auf die melancholischen Momente, das In-sich-gekehrt-Sein und eine gewisse bäuerliche Schwerfälligkeit ihrer Modelle. Sie scheut auch nicht zurück vor der Darstellung kretinhafter Züge, die bei den Nachkömmlingen der Moorbauern nicht selten zu finden sind. Paula Modersohn-Becker verliert sich nicht in Details. Sie vereinfacht, lässt weg, abstrahiert und erfasst damit das Wesen des Kindes an sich.

Mit den anekdotischen Kinderbildnissen des 19. Jahrhunderts, wie sie im **Biedermeier*** oder Impressionismus überwiegen, haben ihre Bilder nichts mehr gemein. Paula Modersohn-Becker gibt auf diese Weise der Kinderdarstellung in der bildenden Kunst neue Impulse, das traditionsreiche Motiv erfährt in ihrer Malerei einen grundlegenden Wandel.

---

* **DAS BIEDERMEIER** *bezeichnet die maßgeblich vom Bürgertum geprägte Lebensweise und Kultur der Epoche vom Wiener Kongress 1815 bis etwa zur Märzrevolution von 1848. Charakteristisch ist die häusliche Behaglichkeit und spießige Lebensführung, der Begriff steht gemeinhin für alles Hausbackene und Kleinbürgerliche. In der bildenden Kunst dominieren die Genre- und Landschaftsmalerei sowie das Porträt.*

Otto Modersohn geizt nicht mit Anerkennung, lobt ihre koloristische Begabung, ihren prächtigen Formsinn, ihre eigenen Ideen. Auch sie selbst sieht sich endlich auf dem richtigen Weg: „Es wird in mir Morgenröte, und ich fühle den nahenden Tag. Ich werde etwas. [...] Ich fühle, dass nun bald die Zeit kommt, wo ich mich nicht zu schämen brauche und still werde, sondern wo ich mit Stolz fühlen werde, daß ich Malerin bin. [...] Mein lieber Otto steht dabei, schüttelt den Kopf und sagt, ich wäre ein Teufelsmädel [...].“

## EIFERSUCHT?

Und doch gibt es eine Begebenheit, die Schatten auf das ungetrübte Glück wirft. Man kann von Eifersucht reden, besser aber von Entfremdung und Enttäuschung. Es geht um die ehemals beste Freundin, um Clara Rilke-Westhoff, die seit Frühling 1901 mit Rainer Maria Rilke ein altes Bauernhaus im benachbarten Westerwede bewohnt und im Winter ein Kind erwartet. Ob Paula Becker den Rückzug der Freunde schon damals, in den gemeinsamen Tagen ihrer Verlobung im Berliner Winter 1900 geahnt hatte, als sie von ihrer großen Traurigkeit schrieb und davon, wie „weit, weit ferne“ sie von den beiden Verliebten gewesen sei? Jetzt wird es mehr als deutlich, dass die einstige enge Beziehung getrübt ist. „Clara Westhoff hat nun einen Mann. Ich scheine zu ihrem Leben nicht mehr zu gehören. Daran muß ich mich erst gewöhnen. Ich sehne mich eigentlich danach, daß sie noch zu meinem Leben gehörte, denn es war schön mit ihr“, notiert Paula Modersohn am 22. Oktober 1901 resigniert in ihr Tagebuch.

> **Da ist denn mein Erlebnis, daß mein Herz sich nach einer Seele sehnt, und die heißt Clara Westhoff. Ich glaube, wir werden uns ganz nicht mehr finden.**
>
> Tagebuch, März 1902

Otto Modersohn teilt die Haltung seiner Frau, empfindet die Freundin als einen „Vogel, dem man die Flügel geschnitten hat“, und auch

Heinrich Vogeler äußert die Ansicht, Rilke habe den „lebensfrohen, freien, offenen Charakter" seiner Frau „eingemauert". „Ist Liebe denn nicht tausendfältig? [...] Muß Liebe Knausern. Muß sie Einem alles geben und andern nehmen", schreibt Paula leidenschaftlich an Clara. „Aus ihren Worten spricht Rilke zu stark und zu flammend. Fordert das denn die Liebe, daß man werde wie der andere? Nein und tausendfach nein." Sie ist enttäuscht, sehnt sich nach der Schwesternseele und nach den gemeinsamen Zeiten der Künstlerfamilie, die auf dem Barkenhoff beschworen worden war. Wer antwortet, ist Rilke. In reserviertem, kühlem Tonfall und mit eindeutigen Worten weist er die einstige „liebe Freundin" in ihre Grenzen. Erst einmal wird sie den Rückzug der Freundin akzeptieren müssen. Was bleibt, ist eine tiefe Traurigkeit.

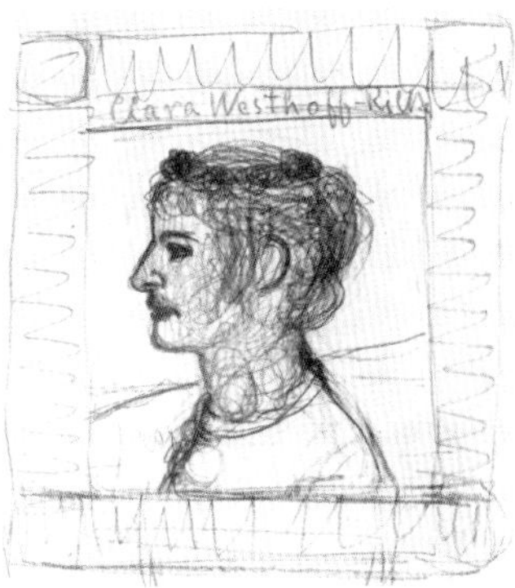


**Porträt Clara Rilke Westhoff**, um 1902, Kohle auf blauem Papier, 26 x 32 cm

Um die Jahreswende arbeitet sie an einer Vorzeichnung zu einem Porträt der Freundin im strengen Profil mit einem Kranz im Haar. Das geplante Gemälde bleibt aber unvollendet. Erst sehr viel später wird sie Clara Westhoff malen, in einem der Hauptwerke ihres Œuvres.

Doch mit alldem nicht genug. Auch in ihrer Ehe geht die anfängliche Zuversicht schon bald verloren, droht im Alltag unterzugehen. Zudem lastet die Kinderlosigkeit auf Paula Modersohn. Otto Modersohn wiederum empfindet Egoismus und Rücksichtslosigkeit bei seiner Frau. Die begabten, von modernen Ideen „angekränkelten" Frauenzimmer, so erscheint es ihm, „machen sich und ihre Männer unglücklich". Vor diesem Hintergrund entschlüpft ihr im Tagebuch eine eher deprimierte Sicht der Dinge: „Man fühlt in der Ehe doppelt das Unverstandensein, weil das ganze frühere Leben darauf hinausging, ein Wesen zu finden, das versteht.

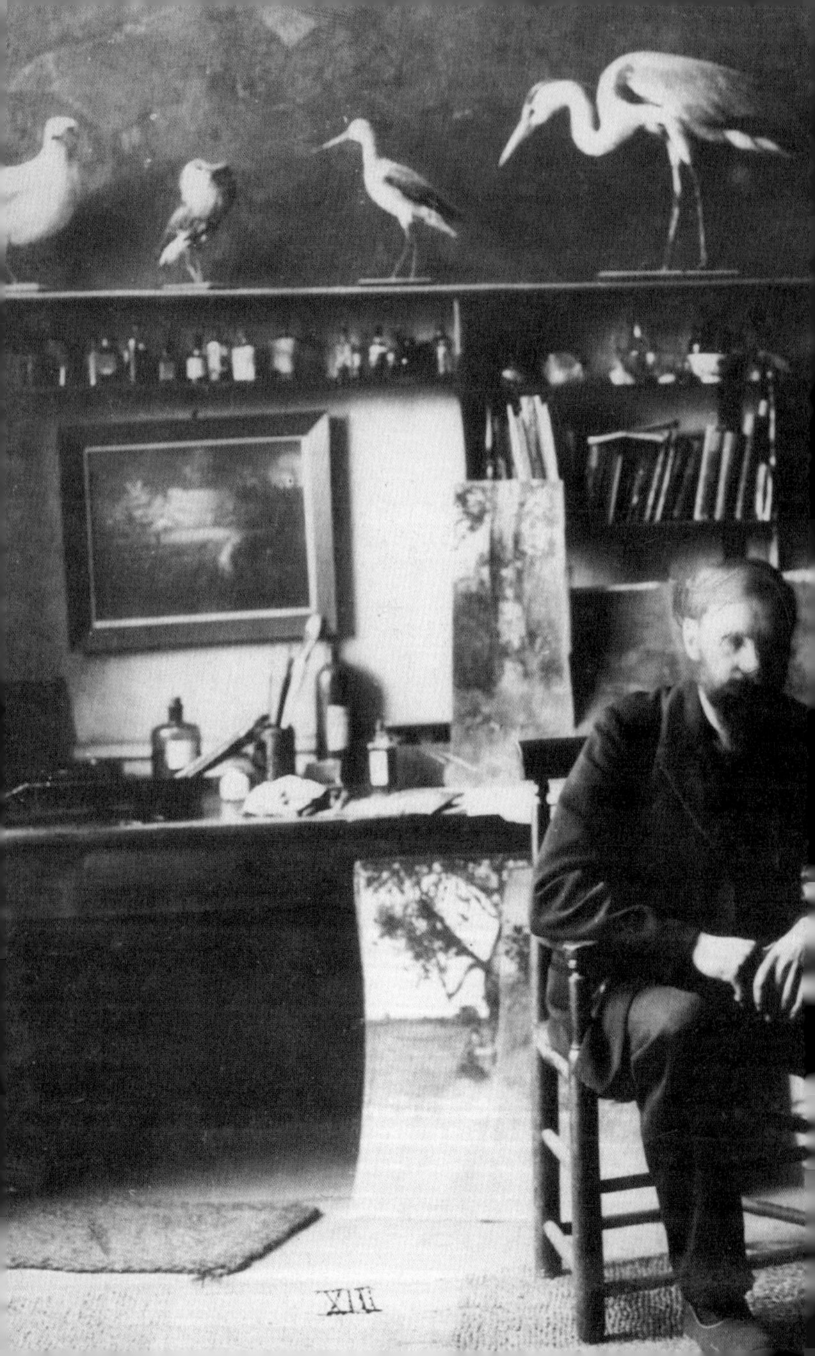

XII

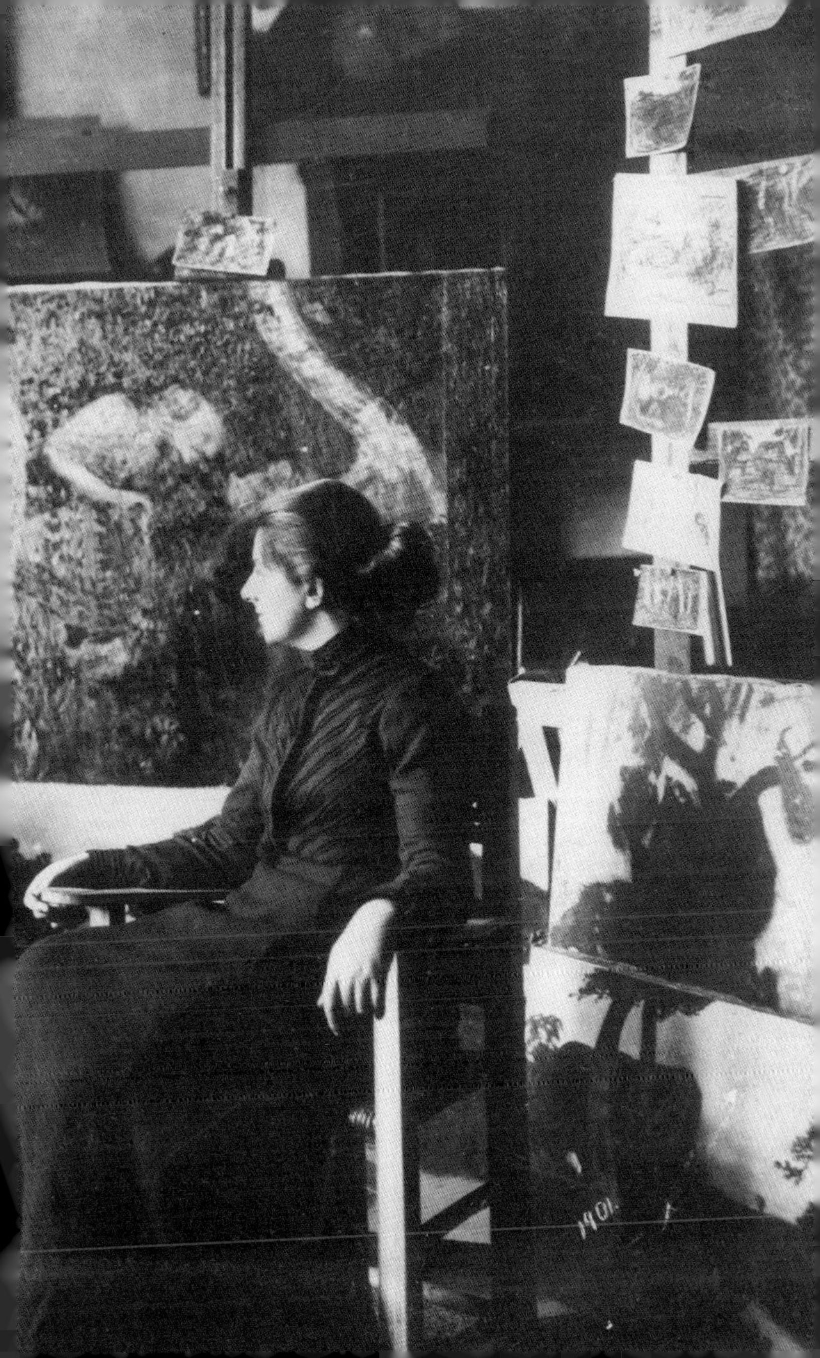
1901

Und ist es vielleicht nicht doch besser ohne diese Illusion, Aug' in Auge einer großen einsamen Wahrheit? Dies schreibe ich in mein Küchenhaushaltebuch am Ostersonntag 1902, sitze in meiner Küche und koche Kalbsbraten."

## „HIER SITZT CHAMPAGNER IN DER LUFT"

Kein Wunder, dass Paris vor diesem Hintergrund erneut zum Zauberwort wird. Im Februar 1903, unmittelbar nach ihrem 27. Geburtstag, ist sie wieder dort, wenn auch nur für sechs Wochen. Diese aber gewinnen eine immense Bedeutung für die künstlerische Entwicklung der Malerin Paula Modersohn-Becker. Erneut lockt die französische Metropole mit ihrer Umtriebigkeit, Weltoffenheit und Kunstsinnigkeit. Was für ein Gegensatz zum zurückgezogenen, winterlich schroffen, norddeutschen Worpswede. Selbst Otto Modersohn, der eigentlich seine stille, ruhige Arbeit liebt, trägt sich mit dem Gedanken, ihr für kurze Zeit zu folgen. „Es stürmt von allen Seiten auf mich ein", schreibt sie nach Hause, „viel merkwürdige Sachen und ich bekomme das Gefühl, daß die Reise mir nützt".

Ihr Weg führt wieder einmal in die schon vertraute Académie Colarossi, wo sie nachmittags Akt zeichnet, als sogenannten **Croquis*** – spontan gesetzte Skizzen schnell wechselnder Posen, die sich nicht in Details verlieren.

---

* **DER CROQUIS** *war eine Neuerung im akademischen Zeichenbetrieb des 19. Jahrhunderts. Der Student war angewiesen, ein privates Skizzenbuch zu führen, in das er seine Beobachtungen nach dem Leben notieren sollte: alltägliche Begebenheiten, Stadtansichten oder Landschaften. Die Übung diente dazu, die persönliche Handschrift und Originalität des Künstlers zu fördern. Beim Aktstudium wurde die Dauer der Modellpose auf 15 bis 30 Minuten reduziert, um die zügige, skizzenhafte Niederschrift zu erproben.*

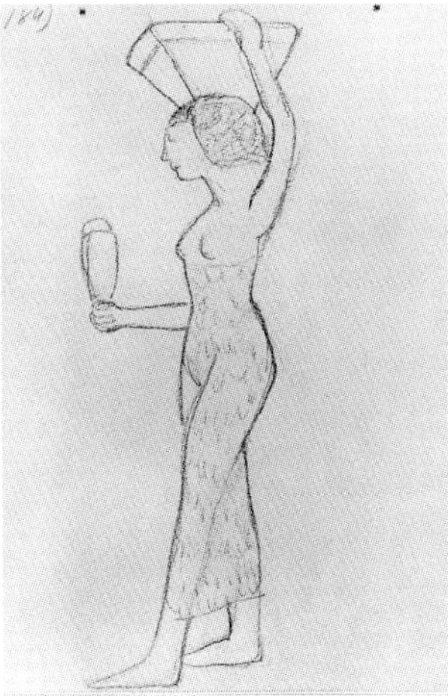

**Ägyptische Opferpriesterin**, um 1903,
nach der Holzskulptur im Louvre,
Kohle, 25,4 x 17,6 cm

Die gleichen Orte, die sie von ihrem vorherigen Aufenthalt in der Stadt kennt, halten dieses Mal andere, neue Eindrücke bereit. Paula Modersohn besucht die Galerien in der Rue Lafitte, das Musée du Luxembourg mit den zeitgenössischen Künstlern und den Louvre, wo sie fast täglich die alten Meister studiert, Rembrandt und die Niederländer, Paolo Veronese und die Venezianer, Francisco de Goya, Jacques-Louis David und Jean-Auguste-Dominique Ingres. Jetzt entdeckt sie aber auch die Bildwerke der alten Ägypter. „Ich stand bis jetzt der Antike fremd gegenüber", äußert sie bewegt. „[...] ich konnte kein Band finden von ihr zur modernen Kunst. Und nun habe ich es gefunden [...]. Ich fühle eine innere Verwandtschaft von der Antike zur Gotik, hauptsächlich die frühe Antike, und von der Gotik zu meinem Formempfinden." Häufig fertigt sie Nachzeichnungen an, so etwa von einer strengen Sitzfigur oder einer Opferpriesterin – einer Holzskulptur, die auch der junge Picasso 1906/07 zeichnen wird. Paula Modersohn erfasst sie in einfachen Umrisszeichnungen. Es sind eigentlich Fingerübungen, doch werden sich die strenge Geschlossenheit der Form und die monumentale Auffassung der Figur in ihren späteren Meisterwerken wiederfinden. Auf diese Weise verhilft ihr die Auseinandersetzung mit der alten Kunst zum eigenen Bild.

## WIEDERBEGEGNUNG

In Paris trifft sie auch Clara und Rainer Maria Rilke. Der Dichter war im Sommer 1902 nach Paris gekommen, seine Frau im Oktober gefolgt. Der Haushalt in Westerwede ist aufgelöst und die Tochter bei Claras Eltern untergebracht. Sorgen um die Existenz plagen das Paar, und beide widmen sich angestrengt ihrer Arbeit: Clara lernt erneut bei dem Bildhauer Auguste Rodin, bei dem sie auch in ihrer ersten Pariser Zeit schon studierte, während ihr Mann sich seinen Studien

# Ich fühle und empfinde mit immer größerer Lebhaftigkeit, wie das Intime die Seele aller großen Kunst ist.

Paula Modersohn-Becker an Otto Modersohn, 23. Februar 1903

über den Bildhauer widmet. Bereits am Abend nach ihrer Ankunft besucht Paula Modersohn das Paar. Beide sind redlich bemüht, den Kontakt wieder aufleben zu lassen, die einstigen Missstimmungen endgültig zu beheben, doch diesmal bleibt Paula reserviert, empfindet die Freunde als freudlos und findet keinen emotionalen Zugang mehr. Das Ehepaar Rilke ist gedrückter Stimmung, die finanzielle Lage besorgniserregend. „Nun blasen sie auch Trübsal", berichtet sie ihrem Mann, „und sogar auf zwei Pfeifen."

Durch Rilkes erhält sie Einlass in Rodins Atelier, vorgestellt als die Frau eines sehr angesehenen Malers. Sie bewundert seine Marmorplastiken, die Gipsabgüsse, Zeichnungen und Skizzen, sein „Sich-nicht-Kümmern um die Konvention" und empfindet die Begegnung als ein großes Erlebnis: „Zu sehen, wie weit man gehen kann, ohne sich um das Publikum zu kümmern." Zu ihren Entdeckungen gehört auch Jean-Baptiste Siméon Chardin, der große Stillleben- und Genremaler des 18. Jahrhunderts. Gemeinsam mit dem befreundeten Paar besucht sie im Hôtel Drouot die Vorbesichtigung zur Versteigerung der berühmten Sammlung fernöstlicher kunstgewerblicher Arbeiten und Malerei des japanischen Händlers Tadamasa Hayaschi. Paula Modersohn ist fasziniert von der Fremdheit und der Ausdrucksstärke der asiatischen Kunst: „Ich sah heute eine Ausstellung altjapanischer Malereien und Skulpturen. Mich packte die große Merkwürdigkeit dieser Dinge. Mir erscheint unsere Kunst noch viel zu konventionell. Sie drückt sehr mangelhaft jene Regungen aus, die unser Inneres durchziehen", äußert sie mit Blick auf ihre eigene künstlerische Entwicklung.

Sie schreibt verliebte Briefe nach Hause und lässt Otto Modersohn teilhaben an ihrer Begeisterung für die Kunst und das Leben. „Weißt Du, wenn wir uns bei unserm Wiedersehn erst mal ordentlich satt geküsst haben, dann können wir uns 10 Tage und 10 Nächte in einem Zuge unterhalten. Du kannst Dir denken ich bin zum explodieren voll." Der Abstand hat ihr gutgetan und ihre Sehnsucht genährt. Jetzt ist sie bereit, wieder nach Hause zu fahren.

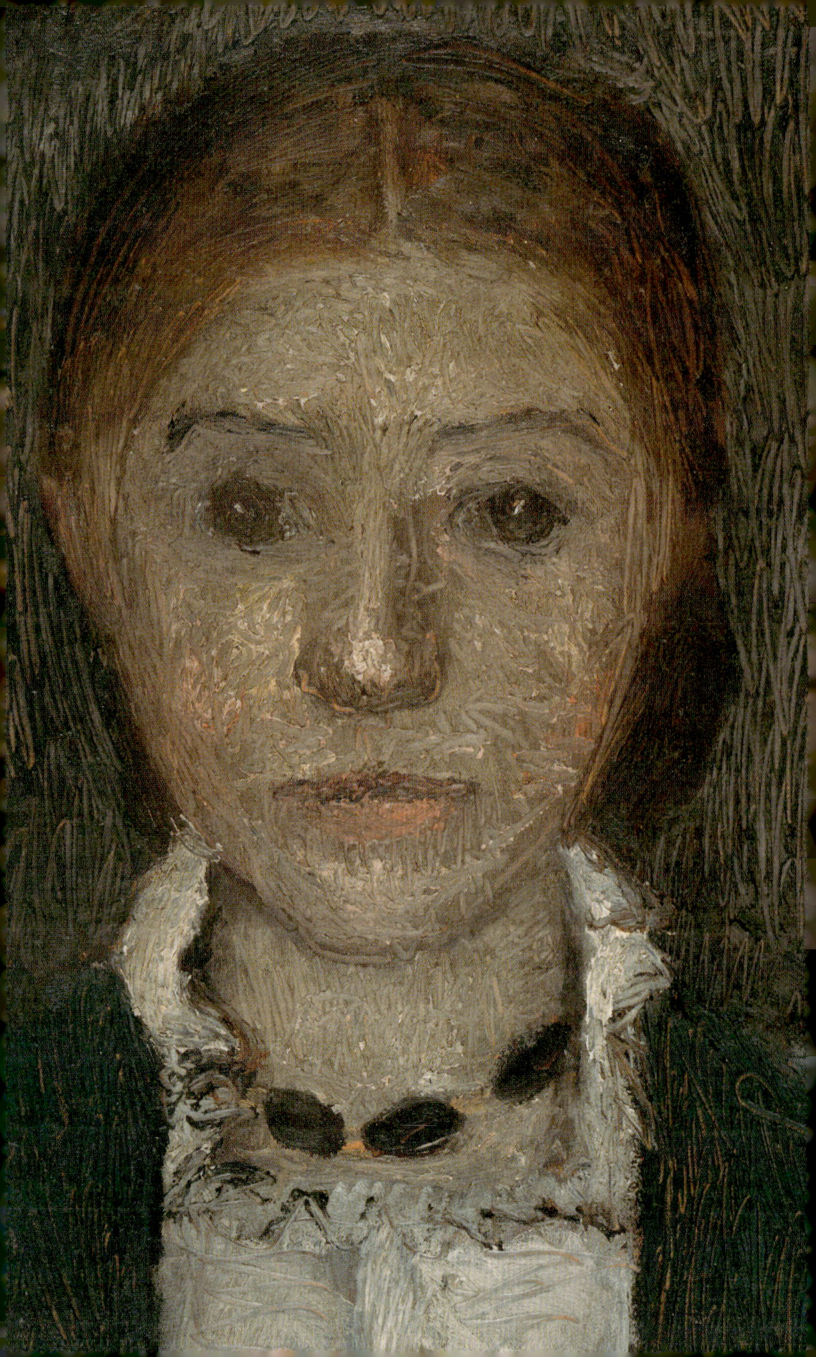

**Selbstbildnis mit Kette**, um 1903,
Pappe, 38,5 x 25,5 cm

## DER BLICK IN DEN SPIEGEL

Unter dem Eindruck der durch die räumliche Trennung frisch entfachten Liebe kehrt Paula Modersohn am 18. März 1903 nach Worpswede zurück. Dass sie sich schon längst von der Kunst der Worpsweder emanzipiert und sich auf ganz neue Pfade begeben hat, zeugt von ihrer rückhaltlosen Neugierde und ihrem untrüglichen Gespür für die Wege der Kunst. Sie selbst bleibt eine Suchende und erlaubt sich vor dem Hintergrund ihres eigenen unaufhörlichen Strebens, die Bilder ihres Mannes zu kritisieren, ihn herauszufordern und anzuspornen. Später wird sie einmal schreiben: „Dass man so malt wie man selber, das glauben sie nicht."

Doch zunächst einmal wird sie das Erlernte und Gesehene in der eigenen Kunst umsetzen. Bis zum Jahreswechsel entstehen rund 130 Gemälde. Die Landschaft rückt immer mehr in den Hintergrund, dafür malt sie häufig Selbstporträts, so zum Beispiel das *Selbstbildnis mit Kette*, das ihre formale Experimentierfreude zeigt. Eine junge Frau mit mädchenhaften Zügen, das Gesicht streng en face gesehen und in einem gleichmäßigen Oval erfasst, dunkle Augen sowie hellroten Lippen und Wangen als farbige Effekte, die Oberfläche krakelig mit dem Pinselstil eingeritzt. Auf diese Weise zerstört sie das streng Abbildhafte und hebt den handwerklichen Vorgang des Malens hervor. „Das sanfte Vibrieren der Dinge muß ich ausdrücken lernen. Das Krause in sich […]." Ihr Ziel ist definiert.

> Es brennt in mir ein Verlangen, in Einfachheit groß zu werden.
>
> Tagebuch, April 1903

Auch Mütter und Säuglinge werden in diesen Jahren zu einem ihrer bevorzugten Themen. Darunter das eindrückliche Gemälde *Stillende Mutter*. Während ihr einstiger Lehrer Fritz Mackensen sich demselben

Thema 1892 in einem Bild gewidmet hatte, das die bäuerliche Mutter in heroischer Verklärung als Ikone der Mütterlichkeit präsentiert, wendet sich Paula Modersohn von jeder Form der Idealisierung ab. „Die Art, wie Mackensen die Leute hier auffaßt, ist mir nicht groß genug, zu genrehaft", hat sie am 1. Dezember 1902 geschrieben. „Wer es könnte, müsste sie mit Runenschrift schreiben." Sie kann es.

## ALLTAG IN WORPSWEDE

In den folgenden zwei Jahren 1903/04 zieht der Alltag in Worpswede ein: „Bei mir gleitet das Leben Tag und Tag dahin und gibt mir das Gefühl, als ob es mich zu etwas führe. [...] Es ist merkwürdig, daß das, was man für gewöhnlich Erlebnisse nennt, in meinem Leben so wenig Rolle spielt", notiert Paula Modersohn-Becker am 20. April 1903. Es folgt ein Sommeraufenthalt der Familie auf Amrum, ansonsten stille Arbeit in Worpswede. Erst das Jahr 1904 bringt einige kleinere Reisen nach Berlin, Dresden, Kassel und Braunschweig, einen kurzen Aufenthalt im benachbarten Örtchen Fischerhude. Alles in allem aber ist es eine beschauliche, abgeschiedene Zeit – für Otto Modersohn genau die Ruhe und Zurückgezogenheit, die er für seine Arbeit braucht, nicht aber für seine Frau, die sich schon bald nach neuen künstlerischen Impulsen und Anregungen sehnt. Es ist aus der Rückschau nicht zu übersehen, dass die Ehe kriselt. Liegt es an den unterschiedlichen Temperamenten, ist es der Altersunterschied? Mehr als eindeutig jedenfalls fallen Paulas Worte gegenüber Martha und Carl Hauptmann aus: „Ich bin noch zu jung, als daß ich immer hier sitzen darf."

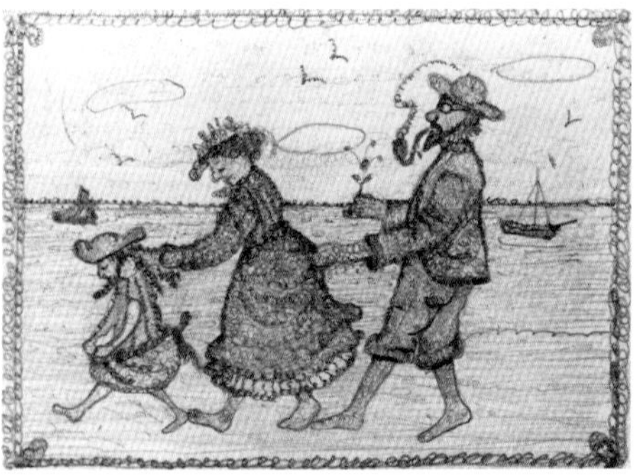

**Elsbeth, Paula und Otto Modersohn, die drei Wattenläufer,** Bildpostkarte vom 26. Juli 1903 an ihre Mutter, Bleistiftzeichnung auf Postkartenkarton, 9 x 13,8 cm

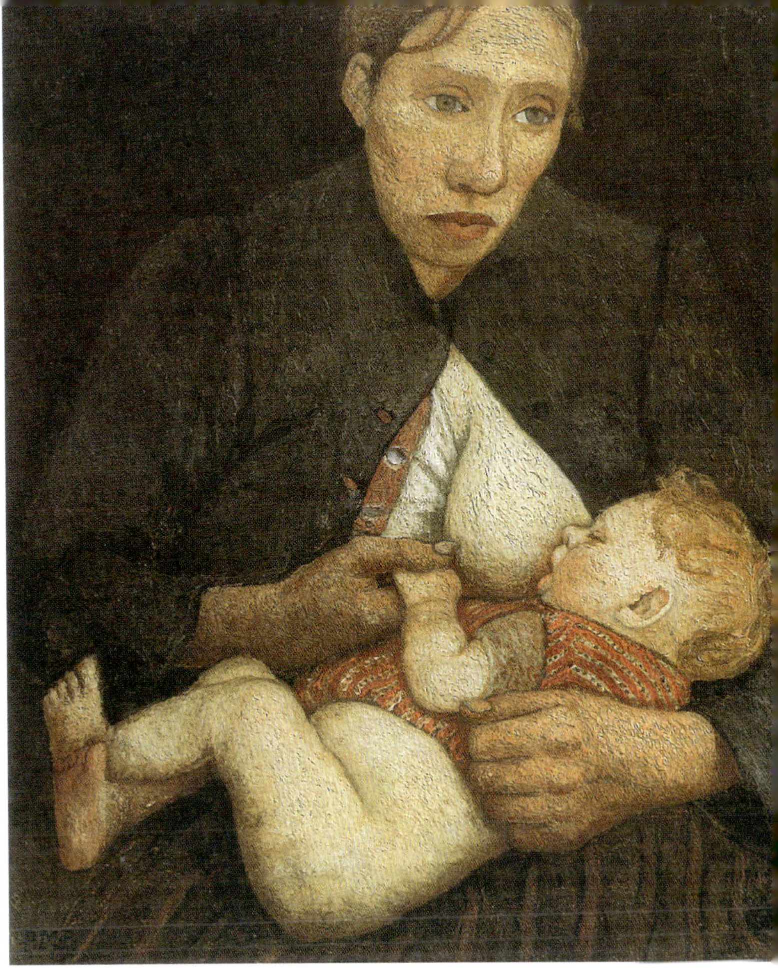

**Stillende Mutter**, um 1903, Leinwand, 70 x 58,8 cm

**Paula Modersohn-Beckers Gemälde einer stillenden Mutter** steht in der Tradition der *Madonna lactans*, dem Bildtypus der nährenden Gottesmutter. Aber anstelle einer jungfräulichen Schönheit erscheint eine Frau mit schwerem Leib, der den Bildrahmen fast zu sprengen droht. Zwar sind ihre sonnengegerbten Hände dem Kind liebevoll verbunden, doch zeugt ihr dumpfer, trostloser Blick von Erschöpfung und Müdigkeit, von Teilnahmslosigkeit und Drangsal.

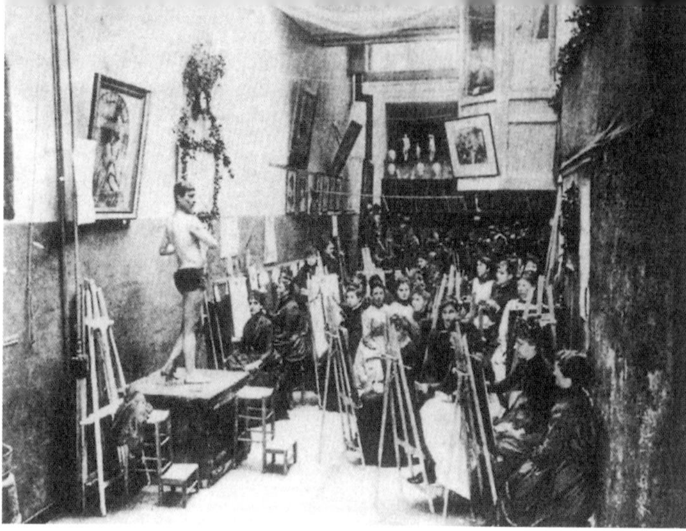

Das Frauenatelier von William Bouguereau in der Académie Julian, 1893

Da verwundert es kaum, dass ihre Gedanken, ihre Sehnsüchte dahin wandern, wo das pralle Leben ist, wo man der Kunst auf Schritt und Tritt begegnen kann. Paris ist wieder einmal das Ziel ihrer Sehnsucht. Anfang November konkretisieren sich ihre Wünsche, dem winterlichen Worpswede zu entfliehen. Im Weihnachtsbrief an ihre Schwester Herma, die zu diesem Zeitpunkt als Au-pair in Paris arbeitet, heißt es: „Sein definitives Ja hat Otto mir zwar nicht gegeben, aber er merkt doch, daß ich so große Sehnsüchte nach meiner Stadt habe, daß man ihnen keinen Wall entgegensetzen kann." Otto Modersohn gibt schließlich seine Einwilligung und ist vermutlich nicht sehr glücklich über die Entwicklung der Dinge. Sie aber zählt die Tage bis zur Abreise am 14. Februar 1905.

## DIE „ALLER, ALLERMODERNSTEN"

An der Académie Colarossi schreibt sie sich diesmal nicht ein, denn diese sei „sehr auf den Hund gekommen". Eine überzeugende Alternative bietet die Académie Julian, die sie schon aus den berühmten Tagebüchern der Marie Bashkirtseff kennt und die vermutlich die bekannteste der Pariser Privatschulen ist. Die Liste ihrer Schüler liest sich heute wie ein Who is who der Avantgarde – bei den Deutschen sind es unter anderem Lovis Corinth, Max Slevogt, Ernst Barlach,

Käthe Kollwitz oder Emil Nolde, um nur einige zu nennen. Von acht bis elf Uhr morgens malt Paula Modersohn hier Akt, danach bleibt Zeit genug für den Besuch der Museen, die ab zehn Uhr ihre Pforten öffnen. Über die Kunst ist in ihren Briefen zwar weniger zu finden als bei früheren Aufenthalten, doch eine entscheidende Bemerkung fällt, die ihre künstlerische Zukunft deutlich beeinflussen soll: „Merkwürdig, diesmal wirken auf mich die alten Meister nicht so stark, sondern hauptsächlich die aller, allermodernsten." Das sind Vincent van Gogh, dessen Retrospektive mit 45 Bildern sie sieht, Paul Gauguin und seine Gemälde aus der Sammlung Fayet sowie die Mitglieder der 1888/89 gegründeten Künstlergruppe **Nabis***: Maurice Denis, Pierre Bonnard, Édouard Vuillard und Maurice de Vlaminck mit ihrem dekorativen Flächenstil, ihrem Streben nach Monumentalität und Einfachheit, ihren leuchtenden Farbakkorden. Zwar hat sie deren Werke schon bei ihrem ersten Parisaufenthalt 1900 gesehen, aber nun erst finden sie Eingang in ihr eigenes künstlerisches Streben. Erst jetzt entdeckt sie eine innere Verbundenheit mit ihrem eigenen Stil.

Das Leben in der Metropole saugt sie auch diesmal gierig in sich auf: Gemeinsam mit ihrer Schwester stürzt sie sich ins muntere Fastnachtstreiben, besucht die Comédie Française, sowie Varietéveranstaltungen, das Revuetheater der Folies-Bergères und das berühmte Tanzlokal Bal Bullier, macht Spaziergänge im Jardin du Luxembourg und auch dem Bois de Boulogne – in Begleitung zweier bulgarischer Studenten.

---

* **DIE NABIS** *waren eine französische Künstlergruppe, die 1888/89 von jungen Kunststudenten der Académie Julian gegründet wurde und bis 1905 bestand. Zu ihnen gehörten unter anderem Paul Sérusier, Maurice Denis, Pierre Bonnard, Aristide Maillol, Félix Vallotton und Édouard Vuillard. Der Name der Gruppe ist vom hebräischen Wort für Prophet abgeleitet. Die Kunst der Nabis wird dem Postimpressionismus zugerechnet und zeichnet sich durch die Verwendung großer, unmodellierter Farbflächen und eine Betonung der Linie aus.*

# Paris um 1900: Zentrum der Moderne

Paris war um die Jahrhundertwende die unangefochtene Kulturhauptstadt Europas. Künstlerinnen und Künstler aus aller Welt kamen in die französische Metropole, um die Weltausstellung, den Louvre sowie andere bedeutende (Privat-)Sammlungen und Museen zu besuchen und an der École des Beaux-Arts oder einer der vielen privaten Kunstschulen – darunter die Académie Colarossi oder die bekannte Académie Julian – zu studieren. Längst hatte Paris als obligatorisches Reiseziel für junge Maler und Bildhauer die Länder des klassischen Altertums, Italien und Griechenland, abgelöst.

Besonders der Montmartre, ein am Stadtrand gelegener Hügel, war mit seinem ländlichen Charakter, den einfachen, aber günstigen Lebensbedingungen und der Atmosphäre eines Arbeiterviertels schon für die Generation der Impressionisten zum Anziehungspunkt geworden. Hier traf sich die künstlerische Boheme, besuchte die Tanzlokale, Kabaretts und Cafés. Auguste Renoir, Vincent van Gogh, Henri de Toulouse-Lautrec oder Suzanne Valadon gehörten um 1900 zu den

Weltausstellung in Paris, 1900

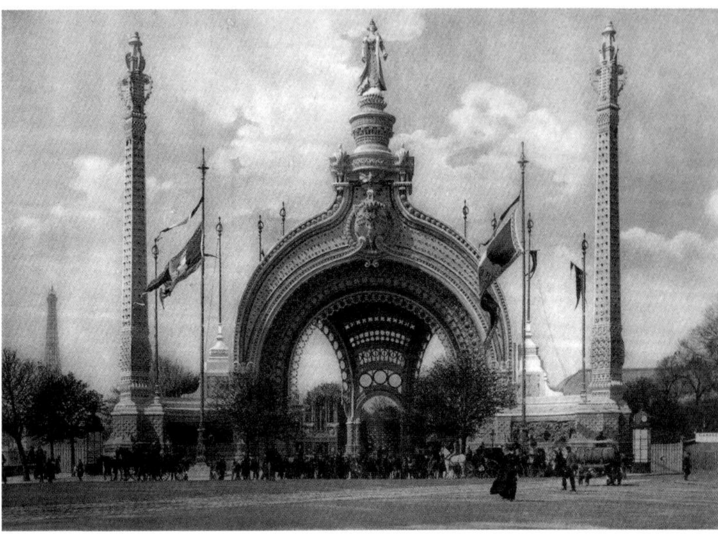

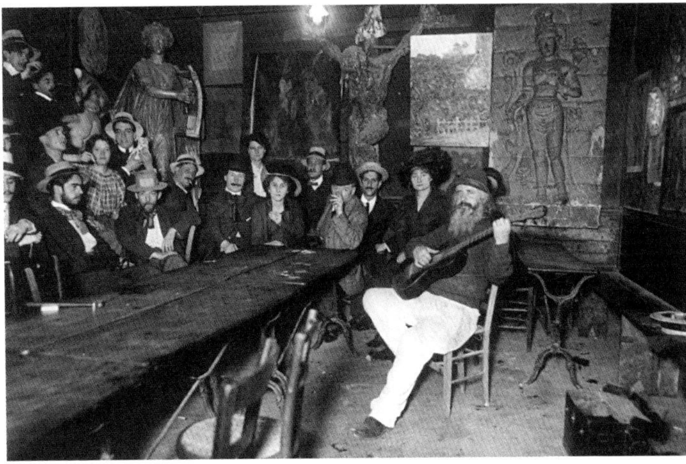

Im legendären Café Lapin Agile auf dem Montmartre verkehrten Pablo Picasso und seine Freunde, 1905

Montmartre-Künstlern, ebenso wie der junge Pablo Picasso, der 1904 eine schäbige Bretterbude bezog und dort in den folgenden Jahren mit Juan Gris, Georges Braque, Amadeo Modigliani und Otto Freundlich zusammen wohnte. Das Bateau-Lavoir, in dem Picasso im Frühjahr 1907 sein berühmtes Gemälde *Les Demoiselles d'Avignon* malte, wurde zum Geburtsort des Kubismus.

Was der Montmartre für die letzen Jahre des alten Jahrhunderts bedeutete, war der Montparnasse für den Aufbruch ins neue. Unweit der Universität schlug das Herz des intellektuellen und künstlerischen Lebens. Das Café La Rotonde oder das Café du Dôme waren Anlaufstellen und Kontaktbörsen für Maler, Bildhauer, Schriftsteller, Dichter und Komponisten. In dem berühmten Buchladen Shakespeare and Company der Amerikanerin Sylvia Beach gingen Ernest Hemingway, Henry Miller oder John dos Passos ein und aus. Unter den vielen Atelier- und Wohnhäusern für Künstler ragte das Quartier La Ruche heraus, in dem unter anderem Marc Chagall, Constantin Brâncuși, Diego Rivera oder Fernand Léger ihre künstlerische Karriere begannen.

Paris war das Mekka für all jene, die am Puls der Moderne leben und arbeiten wollten, der Montparnasse die Geburtsstätte der künstlerischen Avantgarde.

Ihr Flirten ist unübersehbar. Auch für den daheimgebliebenen Gatten, der zu Hause eine schwere Zeit hat. Am 8. März stirbt plötzlich seine Mutter, und er wird sie ohne seine Frau zu Grabe tragen. Denn kaum mehr als halbherzig bietet sie ihm an, ihren Aufenthalt abzubrechen. Sie möchte nicht weg aus Paris, möchte den Frühling in der Stadt ihrer Sehnsüchte vielmehr mit ihm zusammen genießen, mit ihm ihre Entdeckungen teilen, an die Tage ihrer frühen Verliebtheit anknüpfen. „O, ich habe Dir so viel Schönes zu zeigen und so viel schöne Liebe in mir aufgespeichert, die ich alle in Dich gießen möchte und Dich damit einhüllen." Otto lässt sich auch diesmal überreden. Am 29. März 1905 trifft er zusammen mit dem Ehepaar Vogeler und Paulas Schwester Milly in Paris ein. Doch Lebenslust und Frohsinn treffen auf Trauer und Bedrücktheit. Die Enttäuschung auf beiden Seiten ist groß. Paula hat sich die Zeit anders vorgestellt und wirft ihm vor: „Eifersucht auf Paris, französische Kunst, französische Leichtigkeit, Boulevard Miche, Bulgaren etc." Und Otto Modersohns ernüchterndes Fazit lautet: „Die Zeit war nicht erfreulich." Am 7. April treten sie den Heimweg nach Worpswede an. Ob Otto Modersohn bewusst ist, dass die Gedanken seiner Frau auch weiterhin um Paris kreisen? Dass sie schon unmittelbar nach der Rückkehr an ihre Mutter schreiben wird: „Ich sehe diese Pariser Reisen an als Ergänzung meines hiesigen etwas einseitigen Lebens und ich fühle, wie dieses Untertauchen in eine fremde Stadt mit ihren tausend Schwingungen nach zehn ruhigen Worpsweder Monaten mir ungefähr Lebensbedürfnis wird." Das klingt nicht so, als wolle sie sich auf Dauer mit dem einsiedlerischen Leben in Worpswede begnügen.

## KRÜGE UND VASEN, BLÜTEN UND FRÜCHTE

Zurück in Worpswede gilt ihr erster Besuch sogleich ihren Modellkindern. Intensiv widmet sie sich wieder der menschlichen Figur in der Natur. Die Menschen aus dem Moor mit ihrer „großen biblischen Einfachheit" kommen ihrem künstlerischen Streben entgegen. „[...] es brennt in mir ein Verlangen", schreibt sie, „in Einfachheit groß zu werden." Sie platziert ihre Modelle inmitten der Natur, im Wald, auf

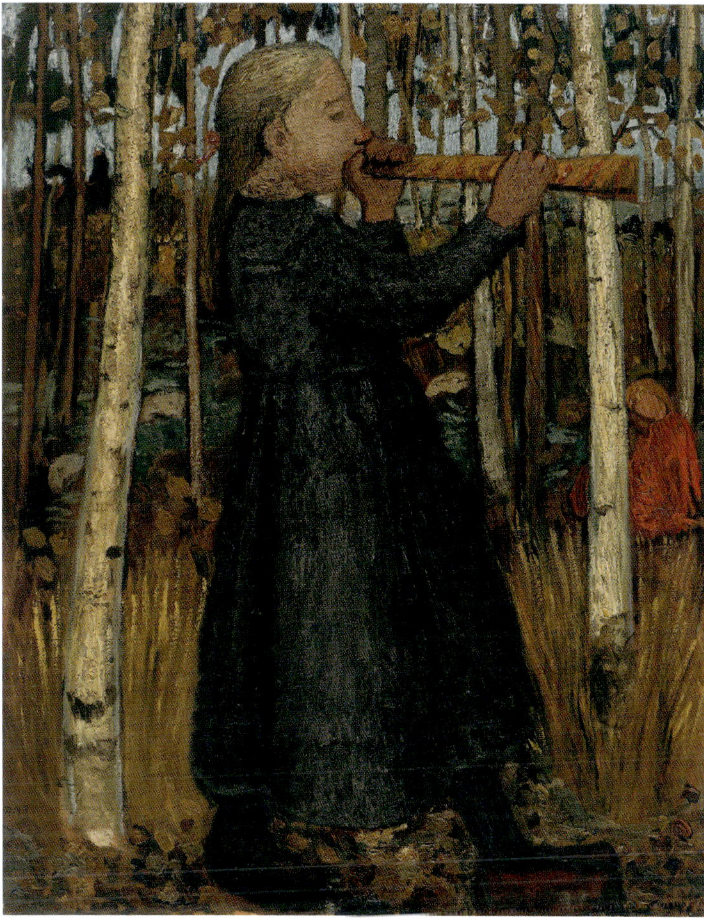

**Flöte blasendes Mädchen im Birkenwald**, 1905, Leinwand, 110,4 x 90,2 cm

einer Wiese oder zwischen Birkenstämmen. So auch das *Flöte blasende Mädchen im Birkenwald* – mit schweren Holzpantinen weit ausschreitend, das hölzerne Blasrohr zum Mund erhoben. Die Bildkonzeption folgt nicht dem unmittelbaren Natureindruck, sondern strengen kompositorischen Maßstäben. Schlanke Birkenstämme ragen nahezu bildparallel empor und wirken so wie ein Muster von Gitterstäben. Das Weiß ihrer Stämme ist dunkel konturiert. Unwillkürlich denkt

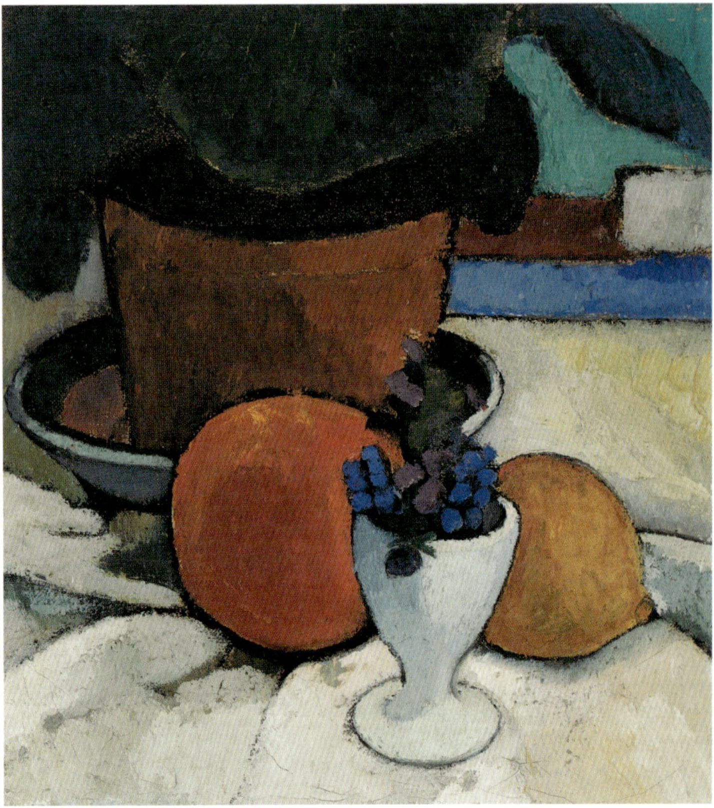

**Stillleben mit Blattpflanze und Eierbecher**, um 1905, Leinwand, 25,7 x 24 cm

man an Paul Gauguin oder Émile Bernard und den von ihnen erfundenen **Cloisonismus***.

Ist es Zufall oder Inspiration durch das Gesehene, dass in jener Zeit bei Paula Modersohn-Becker eine intensive Hinwendung zum Stillleben erkennbar wird? Schon die erste in Paris erworbene Leinwand widmet sie der Darstellung von „Apfelsinen und Citronen, die sehr lockten". Neu ist diese Themenstellung nicht, schon das Jahr 1903 hat einige zartfarbige Stillleben hervorgebracht, die den französischen Einfluss spüren ließen. Doch von jetzt an ist die Gattung aus ihrem Werk nicht mehr wegzudenken, wird zu einem ihrer wichtigsten Su-

**Stillleben mit Kürbis**, um 1905 ▶
Pappe, 69,5 x 89,5 cm

jets. *Stillleben mit Kürbis, Stillleben mit Äpfeln und Bananen, Stillleben mit Goldfischglas, Stillleben mit Glaslampe* – die Aufzählung ließe sich beliebig fortsetzen. Die kleinen, unscheinbaren Gegenstände des alltäglichen Lebens – Krüge und Vasen, Blüten und Früchte, Gemüse und ein Pfanne mit Spiegeleiern – werden zu Bildgegenständen. Was zählt, ist nicht die Schönheit der Dinge, sondern die Schönheit der Kunst: „Die Stärke, mit der ein Gegenstand erfaßt wird (Stilleben, Portraits oder Phantasiegebilde), das ist die Schönheit der Kunst", erkennt sie. Von Cézanne hat sie den Umgang mit Volumina, Perspektive und Fläche erlernt, von Gauguin und den Nabis die geschlossene Form, die starke, leuchtende Farbigkeit und die Betonung des Konturs. Ihre Motive sind nun in die Fläche gestaffelt, die Komposition zeigt einen engen Bildausschnitt ohne räumliche Tiefenwirkung.

> **Paulas herrliche Stilleben haben mich ganz gefangen genommen, mit ihnen verglichen besteht nichts.**
>
> Otto Modersohn, Tagebuch, 23. April 1906

## UND NOCH EINMAL CLARA

Inzwischen sind die Blätter gefallen, und der lange, öde Worpsweder Winter steht wieder einmal bevor. Trübselige Stimmung greift sich erneut Raum in Paulas Herzen. Zwar bringen kurze Reisen nach

---

* **ALS CLOISONISMUS** *(frz. cloison = Trennwand, Scheidewand) wird eine Malweise bezeichnet, bei der farbige Flächen von dunklen Konturlinien gerahmt sind, ähnlich der Emailtechnik des Cloisonnés oder den mittelalterlichen Glasfenstern mit ihren Bleistegen. Der Stil gehört zu den Errungenschaften der Moderne und wurde um 1888 von den Malern der Schule von Pont-Aven – Louis Anquetin, Émile Bernard und Paul Gauguin – entwickelt. Er erhielt Anregungen durch den japanischen Farbholzschnitt, der im ausgehenden 19. Jahrhundert zu den wichtigen Inspirationen der modernen Maler gehörte.*

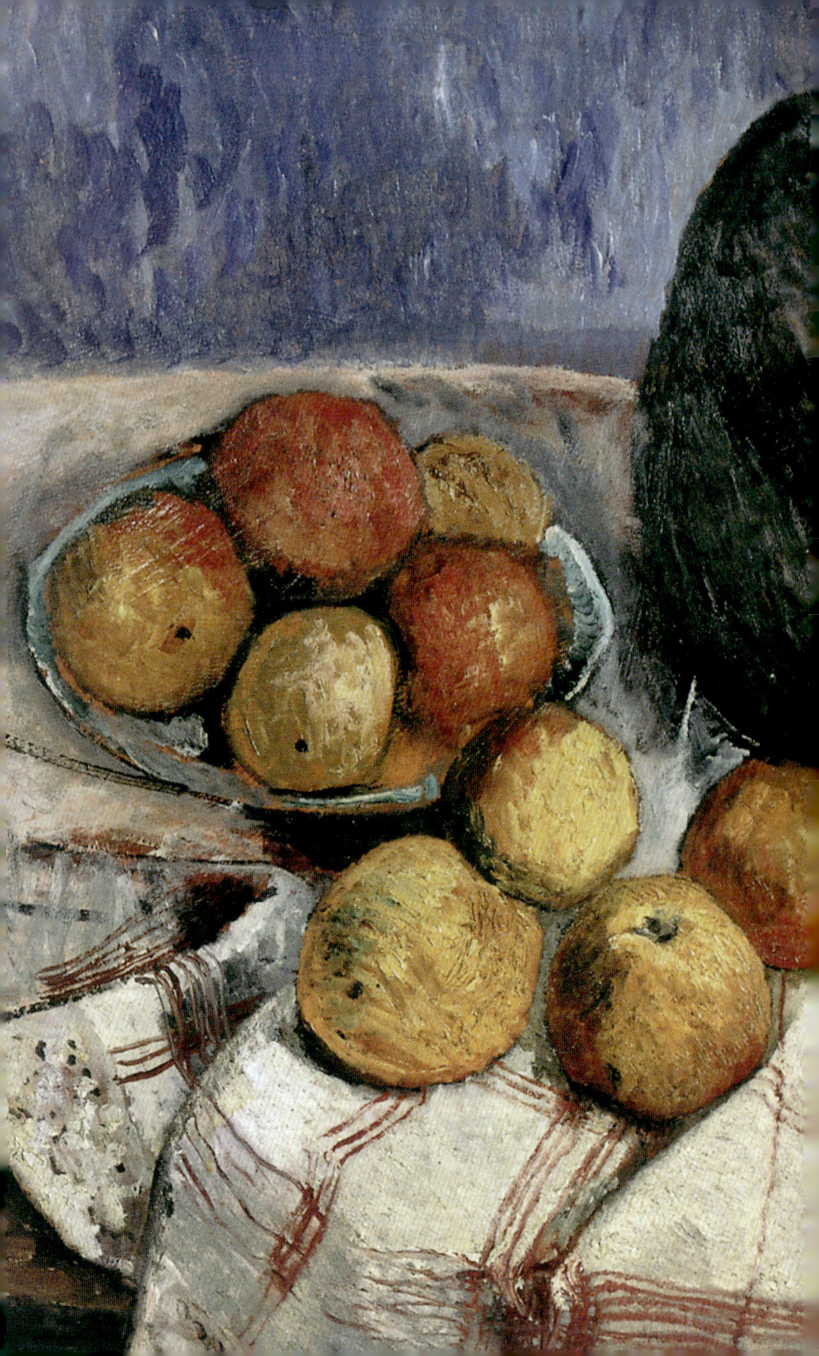

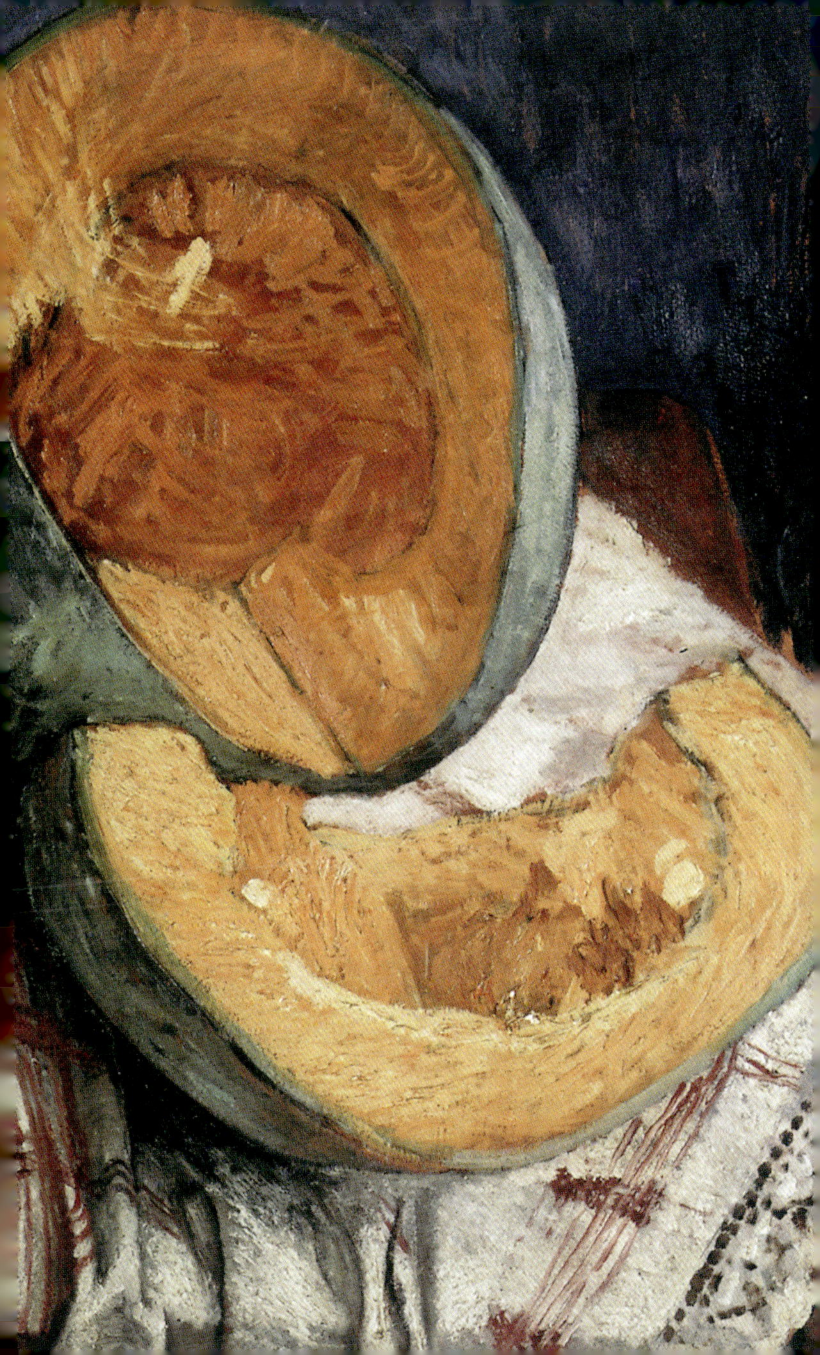

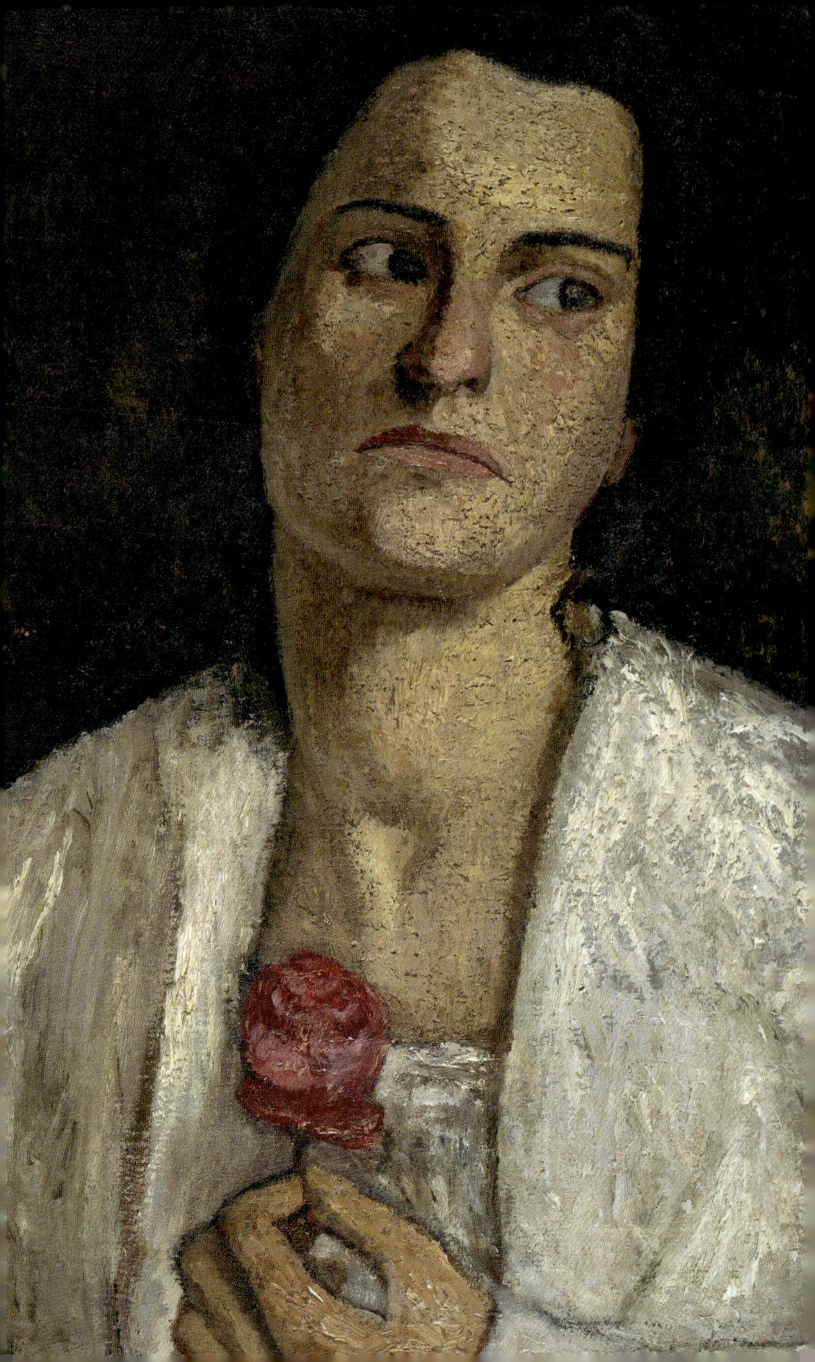

**Bildnis der Bildhauerin Clara Rilke-Westhoff**, 1905, Leinwand, 52 x 36,8 cm

Sie sieht sehr schön so aus, und ich hoffe, daß ich ein wenig von ihr hineinbekomme. Tagebuch, 26. November 1905

Soest, in die Heimatstadt ihres Mannes, nach Münster und nach Hagen, wo sie das Ehepaar Osthaus und das Museum Folkwang besuchen, ein wenig Abwechslung in den Alltag, doch überwiegt ihre Angst vor dem kommenden „Winterschlaf". In dieser Stimmungslage entfaltet sich zaghaft der Neubeginn einer Freundschaft: Clara Rilke ist Anfang des Monats mit ihrer vierjährigen Tochter Ruth wieder nach Worpswede zurückgekehrt. Auch wenn der jugendliche Überschwang der einstigen „Schwesternseelen" gewichen ist, entwickelt sich nun vor dem Hintergrund zweier problematischer Ehen, der ernsten Themen des Lebens und dem Ringen um die Kunst eine neue Vertrautheit. Clara Rilke erinnert sich später an einen gemeinsamen Nachmittag in Brünjes Atelier: „Paula warf ein Torfstück nach dem anderen durch die kleine piepende Tür in die Feuerstelle, und eine Träne nach der andern rollte darauf nieder, während sie dabei war, mir zu erklären, wie sehr wichtig es für sie sei, wieder ‚in die Welt' hinaus, wieder nach Paris zu gehen."

---

**Ein intimes und eindringliches Bildnis der Freundin**, das zu den bedeutendsten Gemälden ihres Werks gehört – der Malerin gelingt, woran sie Jahre zuvor gescheitert war: Clara Rilke im weißen Kleid, das Haar streng nach hinten genommen, eine dunkelrote Rose in der Hand, in sich gekehrt und ernst. Angelegt mit pastoser, trockener Farbe, groß und streng aufgefasst. Es ist das Dokument einer tiefen menschlichen Verbindung ebenso wie der reifenden künstlerischen Ausdrucksweise Paula Modersohn-Beckers. „Das Bild ist wie ein schmerzhafter Abschied und wie ein Rückblick auf Verlorenes", sollte Heinrich Vogeler später über das Gemälde schreiben. „Ich freue mich", schreibt Paula Modersohn, „auf diese Weise mit Clara Rilke öfters zusammenzukommen. Sie ist mir trotz allem von allen noch die liebste." Ihr Porträt ist der Beginn einer eindrucksvollen Reihe von Bildnissen, die 1906 ihren Fortgang findet.

# Krise, Trennung, Neubeginn

## „RÜCKSICHTSLOS UND GERADEAUS MALEND"

Weihnachten 1905. Das größte Geschenk macht ihr Rainer Maria Rilke. Am 17. Dezember ist der Dichter nach Worpswede gekommen, um die Festtage mit Frau und Kind zu verbringen. Er, der schon 1903 in seiner *Worpsweder Künstlermonografie* ausführlich über die fünf Gründer der Kolonie berichtet hatte, besucht nun auch die Freundin in ihrem Atelier. Und erkennt sogleich, welche Meisterschaft hier im Verborgenen reift. „Das merkwürdigste war", schreibt Rilke, dessen Blick an den Entwicklungen der modernen französischen Malerei geschult ist, im Januar 1906 an den Bankier und Kunstsammler Karl von der Heydt, „Modersohns Frau an einer ganz eigenen Entwicklung ihrer Malerei zu finden, rücksichtslos und geradeaus malend, Dinge, die sehr worpswedisch sind und die doch nie einer sehen und malen konnte. Und auf diesem ganz eigenen Wege sich mit van Gogh und seiner Richtung seltsam berührend." Und auch Otto Modersohn, der im Jahr 1903 dem Werk seiner Frau auch einmal einige kritische Zeilen gewidmet hatte – „Hände wie Löffel, Nasen wie Kolben, Münder wie Wunden, Ausdruck wie Cretins. Sie ladet sich zuviel auf" – findet lobende und aufmunternde Worte. Obwohl er selbst zu dieser Zeit in künstlerisch ganz anderen Gefilden lebt, in der Malerei des 19. Jahrhunderts, bei Delacroix, Courbet und Millet. „Der Sommer hat mir mit dem vielen Bildermalen riesig genutzt u. dazu die Studien – u. an der Seite Paula mit ihren meisterlichen Stilleben u. Skizzen, das kühnste und u. beste an Farbe, was hier in Worpswede je gemalt [...]."

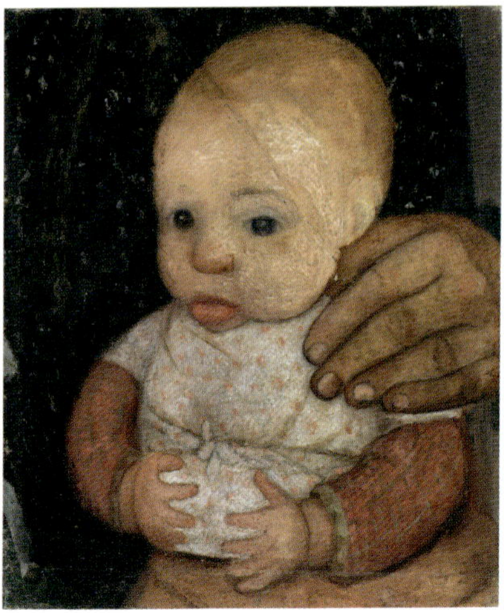

**Säugling mit der Hand der Mutter**, um 1903, Leinwand, doubliert, 31,3 x 26,7 cm

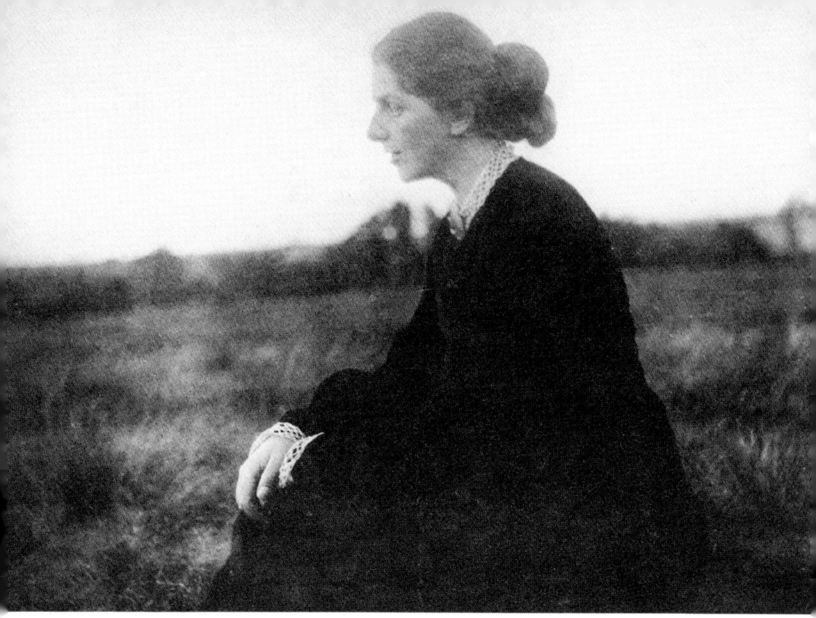

Paula Modersohn-Becker in der Worpsweder Landschaft, fotografiert von Karl Brandt, 1905

Wie aufmunternd müssen die Worte beider für Paula Modersohn gewesen sein. Doch Rilke lässt es nicht nur bei Worten bewenden, sondern kauft trotz erheblich eingeschränkter finanzieller Mittel ihr Gemälde *Säugling mit der Hand der Mutter* – ein Werk, dessen radikaler Bildausschnitt und kompositorische Spannung durch das Zerschneiden einer größeren Leinwand entstand. Neben der bereits gesparten Summe von 50 Mark ist dieser Verkauf der erste Finanzierungsbeitrag für die geplante Paris-Reise. „Dafür, dass sie ‚mein kleines Kind' ein wenig mögen, dafür danke ich Ihnen [...] Mit diesem ‚Gerne-leiden-mögen' haben Sie mir das erste Stück Paris gebracht, und das ist sehr viel."

## HEIMLICHE VORBEREITUNGEN

Paula ist fest entschlossen. Einen weiteren Winter in Worpswede an der Seite ihres Ehemannes, der das alles ganz urgemütlich findet, hält sie nicht aus. Sie wird sich von Otto Modersohn trennen und sich in Paris eine neue Existenz aufbauen. Ab Januar bringt sie persönliche Gegenstände aus dem Haus ins Atelier, verstaut sie dort in Kisten und

**Dieses unentwegte Brausen dem Ziele zu, das ist das Schönste im Leben.**

Paula Modersohn-Becker
an ihre Mutter, 19. Januar 1906

Kartons, ordnet ihre Bilder und sortiert die Zeichnungen in Mappen. Sie steht kurz vor ihrem 30. Geburtstag und legt sich Rechenschaft über die vergangenen Jahre, über ihre Kunst und über ihre Ehe ab. Lange schon hat sie sich Kinder gewünscht. Mit Otto Modersohn aber war das nicht möglich gewesen. Sie selbst, so schreibt Clara Rilke-Westhoff, „glaubt an ihre Fähigkeit, Kinder zu tragen – und möchte das noch – wenn sie selbst allein ist – ohne Mann auf sich allein gestellt nachholen."

Paula Modersohn handelt mutig, radikal, rücksichtslos. Wie groß muss ihre Verzweiflung gewesen sein, ihrem Mann so viel Leid zuzufügen, ihre Familie so sehr zu enttäuschen und sich so kompromisslos gegen die bürgerlichen Konventionen ihrer Zeit aufzulehnen. Über allem steht der Wunsch, in der Malerei etwas zu leisten, das Leben ganz der Kunst unterzuordnen. Oder sagen wir so: Die Kunst zum Leben zu machen. Otto Modersohn hat inzwischen erkannt, was seine Frau quält: „Paula kann einfach nicht so schlicht leben", notiert er im Dezember 1905 in sein Tagebuch. „Solch anregendes Leben ist ihr wie der Blume die Sonne notwendig – sie verkümmert, verbittert sonst." Doch zu spät, er kann nichts mehr ausrichten. Am 22. Februar 1906 feiert Paula Modersohn noch mit ihrem Ehemann seinen Geburtstag, am 23. Februar besteigt sie heimlich den Nachtzug Bremen–Paris. Noch am Abend ihrer Ankunft notiert sie in ihr Tagebuch: „Nun habe ich Otto Modersohn verlassen und stehe zwischen meinem alten Leben und meinem neuen Leben. Wie das neue wohl wird. Und wie ich wohl werde in dem neuen Leben? Nun muss ja alles kommen."

## EIN NEUES LEBEN

„Alles Gute zum neuen Anfang!", wünscht Clara Rilke aus der Heimat. Diesmal wie auch schon bei den letzten Aufenthalten quartiert Paula sich zunächst in dem kleinen Hotel in der Rue Cassette Nr. 29 in Saint-Germain ein. Schnell findet sie ein charmantes kleines Atelier

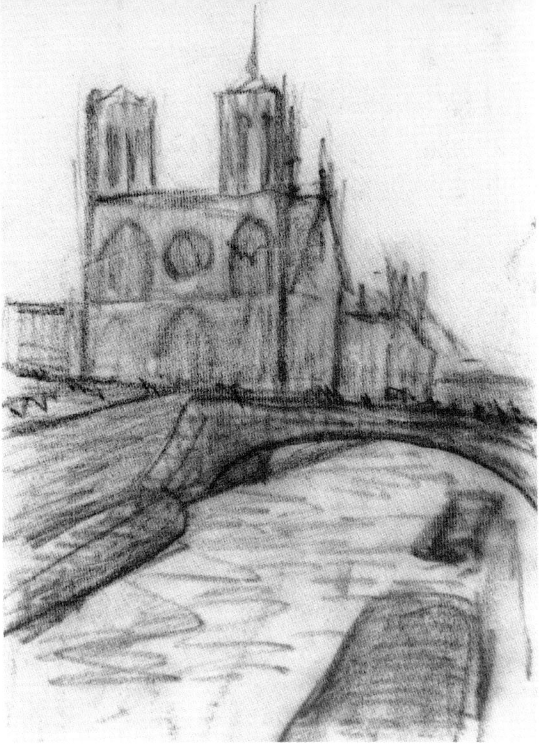

**Notre-Dame**,
um 1905/06, Kohle,
29,5 x 21,5 cm

in der Avenue du Maine 14, unweit des Gare Montparnasse, das sie am 3. März bezieht. Die lichten, zweigeschossigen Ateliers liegen inmitten eines fast dörflichen Ambientes mit einem kleinen Garten. Der Raum ist karg, aber wenige Accessoires helfen, ihn nützlich und lebenswert einzurichten: eine Garderobe aus Tannenholz, ein Tisch, eine Schlafliege und einige Bücherborde, zusammengezimmert von ihrem bulgarischen Bildhauerfreund, an die Wände drapierte Tücher.

Wieder schreibt sie sich an der Académie Julian ein, belegt Anatomiekurse an der École des Beaux-Arts, hört Vorlesungen in Kunstgeschichte, besucht die Museen, darunter das für moderne Kunst im Palais du Luxembourg, und streift in den Straßen umher. Sie zeichnet Straßenszenen, Brücken, Menschen, Omnibusse – locker hingeworfene Szenen aus dem Pariser Treiben. „Ich bin jetzt ordentlich im Zeichnen drin und es macht mir Freude zu merken, was ich alles hier

Versuche Dich an die Möglichkeit des Gedankens zu gewöhnen, daß unsere Leben auseinandergehen können.

Paula Modersohn-Becker an Otto Modersohn, 2. März 1906

lernen kann“, schreibt sie an ihren Mann, der durch einen Anwalt von ihrem Vorhaben informiert wurde. „[…] Meine Malereien sehen hier dunkel und saucig aus. Ich muß in eine viel reinere Farbe kommen. Ich muß modellieren lernen. Ich muß überhaupt noch allerhand und dann werde ich vielleicht etwas. Und das weißt Du, das ist das Endziel, auf das all meine Wünsche und mein Streben endigen.“

Derweil leidet Otto Modersohn, schickt verzweifelte Briefe nach Paris: „Keine Nacht finde ich mehr Schlaf – keinen Strich kann ich malen – kein Wort kann ich lesen – Du magst Dir ausmalen, wie ich lebe […] Gib' mir Hoffnung – ich ertrag's nicht.“ Er bestürmt sie mit Briefen, schreibt einen nach dem anderen nach Paris. Er zeigt sich verständnisvoll und nachgiebig, versucht mit allen Mitteln, sie von der Rückkehr nach Worpswede zu überzeugen. Er geht sogar so weit, ihr alle nur erdenklichen Freiheiten anzubieten: „Du suchst Erlebnisse – gut, ziehe aus und suche sie, und wenn Dich eine Liebschaft lockt, folge ihr, ich bleibe Dir getreu, und ich erwarte Dich, denn Du bist mir dann immer noch eine Welt. Du suchst Freiheiten. Nimm alle Freiheiten, reise, lebe von mir getrennt, mal wohne bei Brünjes auch des nachts, tue alles, was Deiner Natur nötig ist. Müssen wir uns denn darum trennen für's Leben?“

## EINE NEUE LIEBE?

Ob Otto Modersohn zu diesem Zeitpunkt weiß, wie sehr er mit der Erwähnung einer Liebschaft ins Schwarze getroffen hat? Ihre Sehnsucht danach wird er gespürt haben, und bei der entscheidenden Begegnung war er dabei. Das Ehepaar hat den Soziologen und Volkswissenschaftler Werner Sombart im Winter 1905 bei einem gemein-

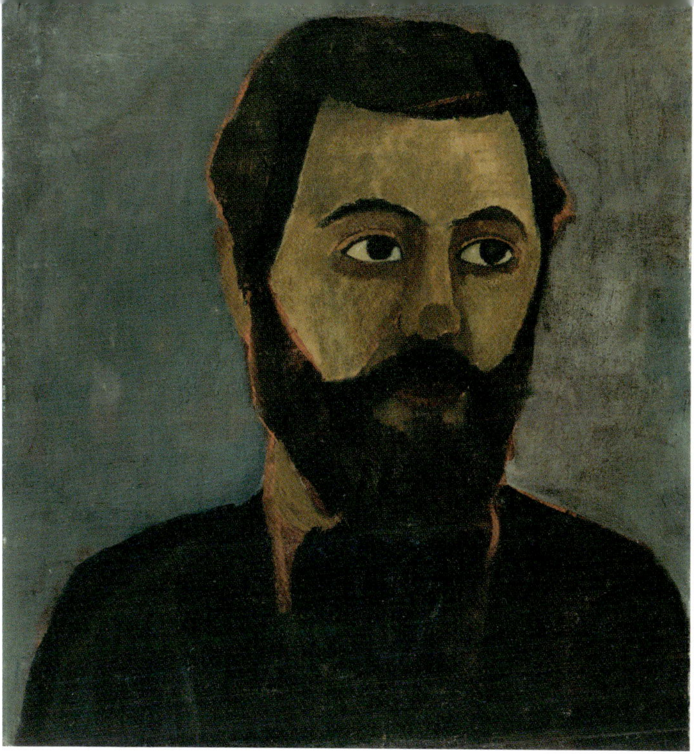

**Bildnis Werner Sombart**, 1906,
Leinwand auf Sperrholz, 50 x 46 cm

samen Besuch im Hause von Carl und Martha Hauptmann in Schreiberhau kennengelernt. Ob der Funke zwischen dem attraktiven Professor und der jungen Künstlerin schon bei dieser ersten Begegnung übergesprungen ist? Ob sie sich Hoffnungen auf eine Liebesbeziehung gemacht hat? Wir wissen es nicht ganz genau, aber sicher ist, dass Paula Modersohn Sombart in Paris getroffen hat, der ebenfalls in einer Ehekrise steckte und seine Frau schon im Jahr zuvor um die Scheidung gebeten hatte. Vermutlich gab es eine kurze Liaison, denn später wird sie an Carl Hauptmann schreiben, ihr Mann habe sie nach Sombart gefragt. „Ich habe ‚nein' gesagt. Vielleicht halten Sie es für Feigheit, wenn ich Ihnen gegenüber den Wunsch äußere, daß Sie über die Sache Stillschweigen bewahren. [...] Denn es war eine ziemliche Desillusion."

Ihr Porträt von Sombart aber hat überdauert – ein Gemälde, das zu den großen Bildnissen der Moderne zählt und eines ihrer Meisterwerke ist. Kantig und maskenhaft ist das Gesicht erfasst, aus einzelnen Flächen zusammengesetzt, umzüngelt von glühend roten Konturen, die aus der Grundierung des Bildes hervortreten. Dazu die mandelförmigen, dunkel konturierten Augen mit ihrem entrückten, in die Ferne gerichteten Blick und ein radikaler Verzicht auf jeglichen Umraum, auf jegliche erzählenden Aspekte. Kein Wunder, dass dieses Werk als eines ihrer „extremsten" und „modernsten" gilt. Doch woher rührt diese Stilisierung? Der Mut, sich dem Gesicht eines geschätzten, möglicherweise geliebten Menschen auf diese Weise zu nähern? Werke wie dieses entstehen nicht voraussetzungslos. Unverkennbar haben hier die Mumienporträts der Oase Fayum aus dem 2. bis 4. Jahrhundert n. Chr. Pate gestanden, die Paula Modersohn schon 1903 im Louvre für sich entdeckt hatte. Eindrucksvolle Bildnisse, die zu Lebzeiten des Dargestellten auf eine schmale Holztafel gemalt und nach seinem Tod dem mumifizierten Leichnam auf das Gesicht gelegt wurden. Daher rührt auch ihre ikonenhafte Starre, ihre Entrücktheit und nahezu sakrale Würde. Die Begegnung mit diesen Kunstwerken des Altertums ist für die junge Malerin eine Entdeckung, die sie nachhaltig berührt und in ihrem eigenen Suchen bestärkt. Nun erreicht sie – in höchst eigenwilliger künstlerischer Ausdruckskraft – „die große Einfachheit der Form", nach der sie schon immer gesucht hat. „Von jeher habe ich mich bemüht, den Köpfen, die ich malte oder zeichnete, die Einfachheit der Natur zu verleihen. Jetzt fühle ich tief, wie ich an den Köpfen der Antike lernen kann. Wie sind die groß und einfach gesehen! Stirn, Augen, Mund, Nase, Wangen, Kinn, das ist alles. Es klingt so einfach und ist doch sehr, sehr viel."

## „DASS SIE AN MICH GLAUBEN ..."

Mit einer neuen Liebe glückt es also nicht, aber mit der Kunst. Paula Modersohn ist auf der Höhe ihrer Schaffenskraft, die Hauptwerke ihres Œuvres entstehen in diesen kurzen Frühlingswochen in Paris. Als ob sich alles zuvor hart Erarbeitete nun Bahn bricht und in einen

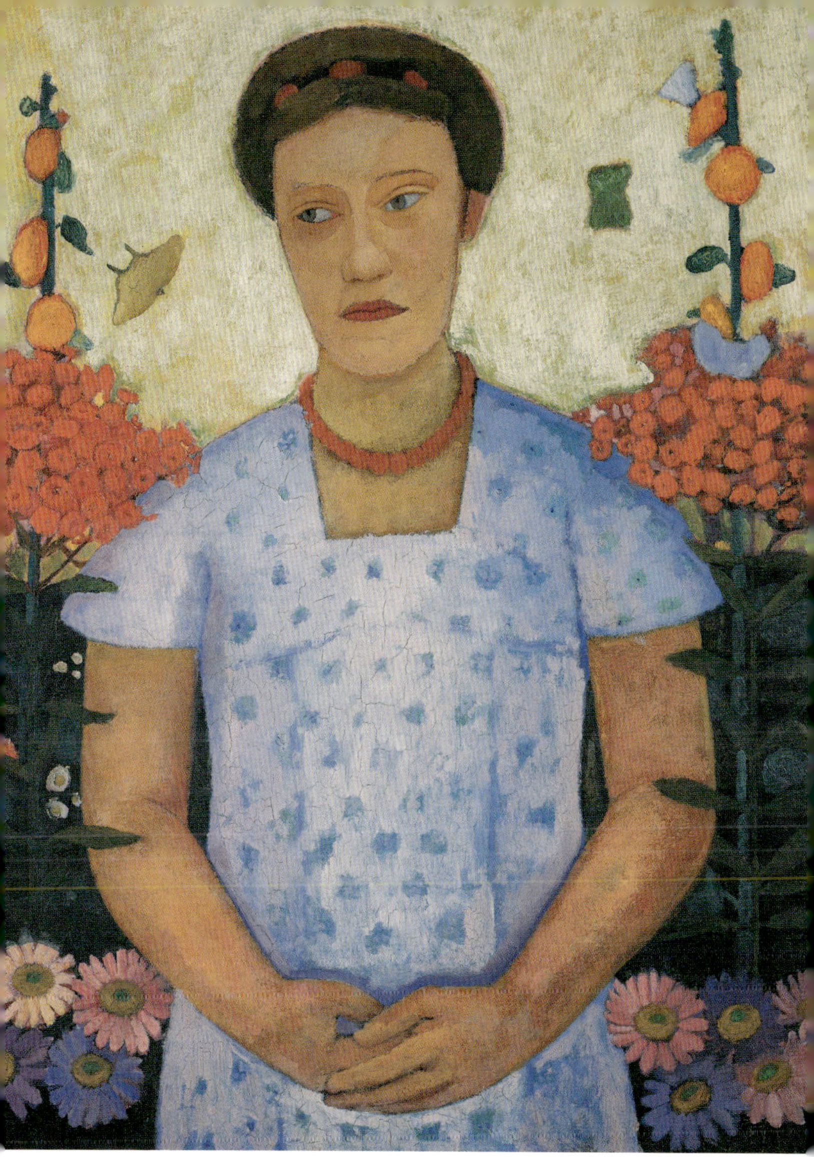

**Bildnis Lee Hoetger vor Blumengrund**, 1906, Leinwand, 92,4 x 73,5 cm

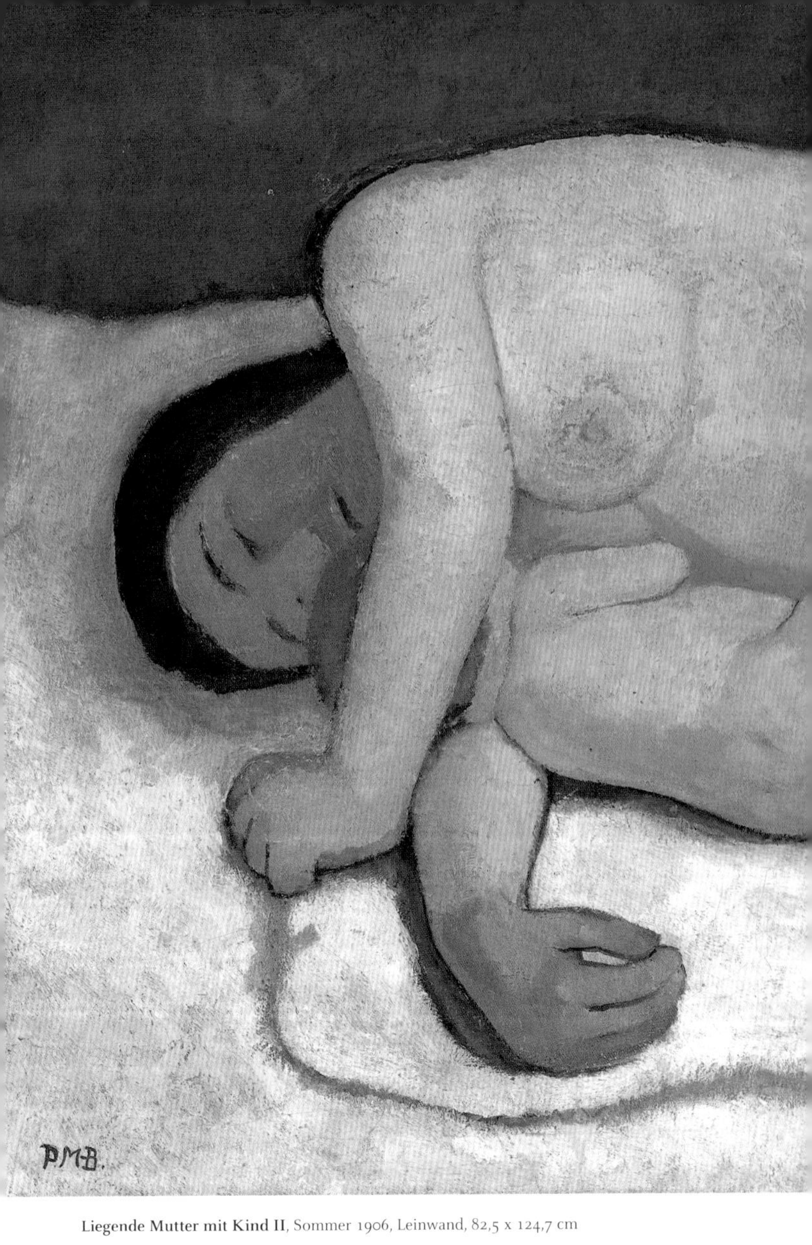

**Liegende Mutter mit Kind II**, Sommer 1906, Leinwand, 82,5 x 124,7 cm

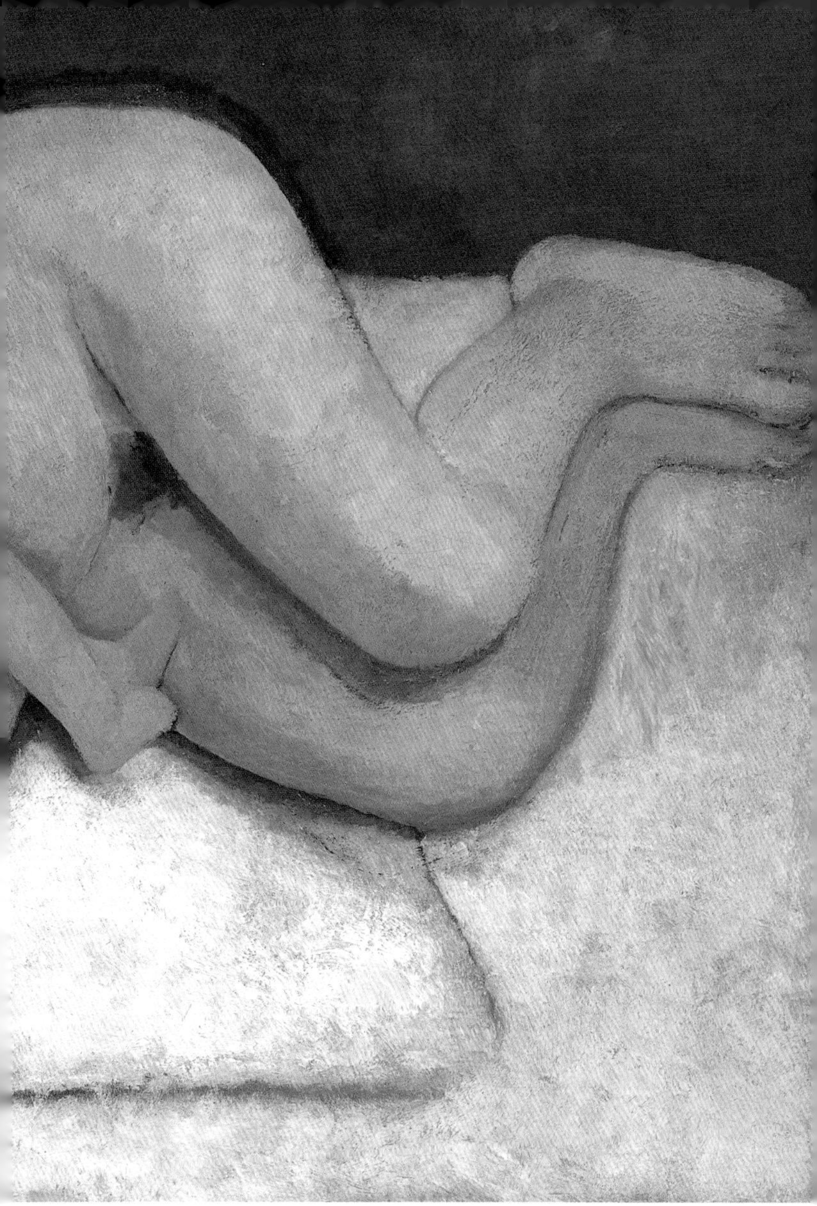

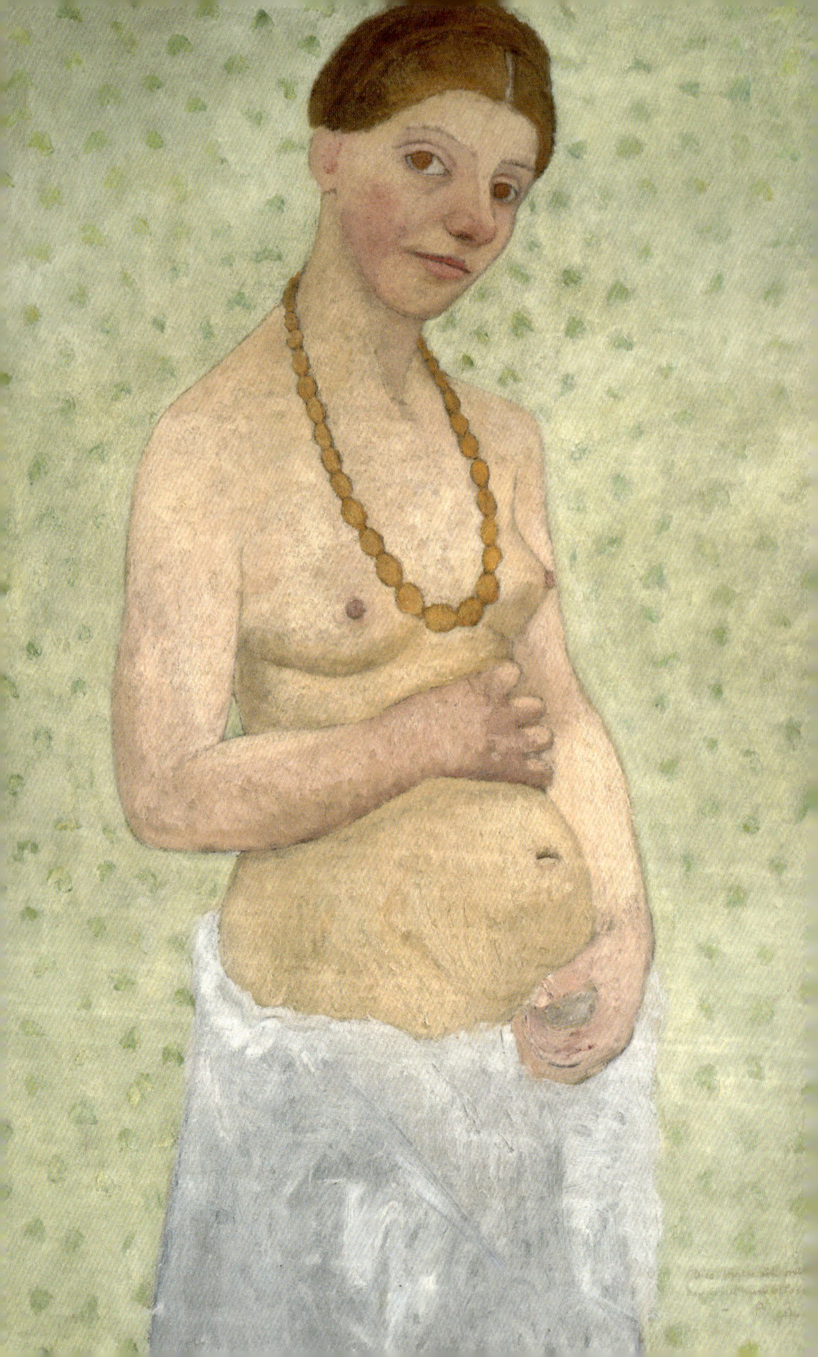

**Selbstporträt am 6. Hochzeitstag**, 5. Mai 1906, Pappe, 101,8 x 70,2 cm

einzigen, atemlosen Schaffensrausch mündet. „Es wird. Ich arbeite ganz riesig. Ich glaube, es wird", schreibt sie nach Hause. Die Initialzündung aber ist von außen gekommen. Bernhard Hoetger, Bildhauer und seit 1900 in Paris ansässig, bringt den Stein ins Rollen. Paula Modersohn sind seine Skulpturen kurz vor ihrer Abreise in der Kunsthalle Bremen aufgefallen. Eines Tages im April fasst sie sich ein Herz und klopft an seine Ateliertür. Sie stellt sich vor als „une dame allemande", als Malerin aber gibt sie sich zunächst nicht zu erkennen. Bis es ihr nach Wochen dann doch noch herausrutscht: „Nein, so hätte ich die Arbeit nicht gelöst." In ihrem Atelier ist Hoetger, so zumindest lautet der spätere Bericht, „ganz erfaßt" von ihren Bildern. „Ich nahm die Hand der Malerin, drückte sie und sagte: ‚Sie sind eine ganz große Malerin und Sie müssen mit der Schule sofort aufhören, denn Sie sind bereits viel weiter, das beweisen mir Ihre freien Kompositionen und vor allen Dingen Ihre prachtvollen Akte.'" Paula Modersohn ist überglücklich. Worte wie diese hat sie – abgesehen von Äußerungen ihres Mannes – noch nie gehört, nicht von den Freunden, nicht von den Kollegen. „Daß Sie an mich glauben, das ist der schönste Glaube von der Welt [...] Mein Mut stand immer hinter verrammelten Türen und wußte nicht aus noch ein." Rastlos malt sie in jenen Tagen und Wochen, Werke, tief durchdrungen von der französischen Moderne und dennoch ganz und gar eigenwillig und individuell. Allesamt Ausdruck ihres künstlerischen Wollens. Es entstehen Kinderakte mit Früchten und Blüten, Kränzen und Ketten in kühnen, kraftvollen Farben, monumentale Akte, Mütter und Kinder in archaischer Statuarik, in großer, geschlossener Form, Selbstporträts. Sie schläft zwischen ihren Bildern, wandelt im Mondschein im Atelier umher und betrachtet voller Stolz ihre Arbeiten.

## SELBSTPORTRÄT AM 6. HOCHZEITSTAG

Sie ist glücklich, ja geradezu euphorisch. Eine große Hoffnung vor Augen – aber auch eine große Hoffnung begrabend. Eine wichtige Phase ihres Lebens abgeschlossen, die Zukunft – nicht zuletzt in finanzieller Hinsicht – ungewiss. Zeit, innezuhalten und sich des eige-

**Und nun weiß ich gar nicht, wie ich mich unterschreiben soll. Ich bin nicht Modersohn und ich bin auch nicht mehr Paula Becker. Ich bin Ich, und hoffe es immer mehr zu werden.**

Paula Modersohn-Becker an Rainer Maria Rilke, 17. Februar 1906

nen Standortes zu vergewissern. In jenen Tagen im Mai 1906 entsteht ein großartiges Selbstbildnis, lebensgroß und provokativ. Dieses Werk schrieb Kunstgeschichte – mit dem bis dahin noch nie gesehenen Motiv des weiblichen Selbstaktes. Halbnackt stellt sich Paula Modersohn vor den Spiegel, den Bauch leicht vorgewölbt, Hüften und Scham nur mit einem Tuch bedeckt; sie schaut sich und uns an, mit einem prüfenden, zugleich auch fragenden Blick. Die Bildinschrift informiert über das genaue Entstehungsdatum, den 25. Mai 1906: „Dies malte ich mit 30 Jahren an meinem 6. Hochzeitstage P. B." Sie hat mit den Kürzeln ihres Mädchennamens signiert. Das 30. Lebensjahr hatte sie sich schon früh zum Ziel gesetzt, um sich Rechenschaft über ihr künstlerisches Talent abzulegen. „[...] nun ist sie felsenfest", berichtet Herma, „und glaubt und arbeitet, und es saust ihr nur so von der Hand [...] nur malen, malen, malen; es wird was." Es ist ein Leben im Schaffensrausch.

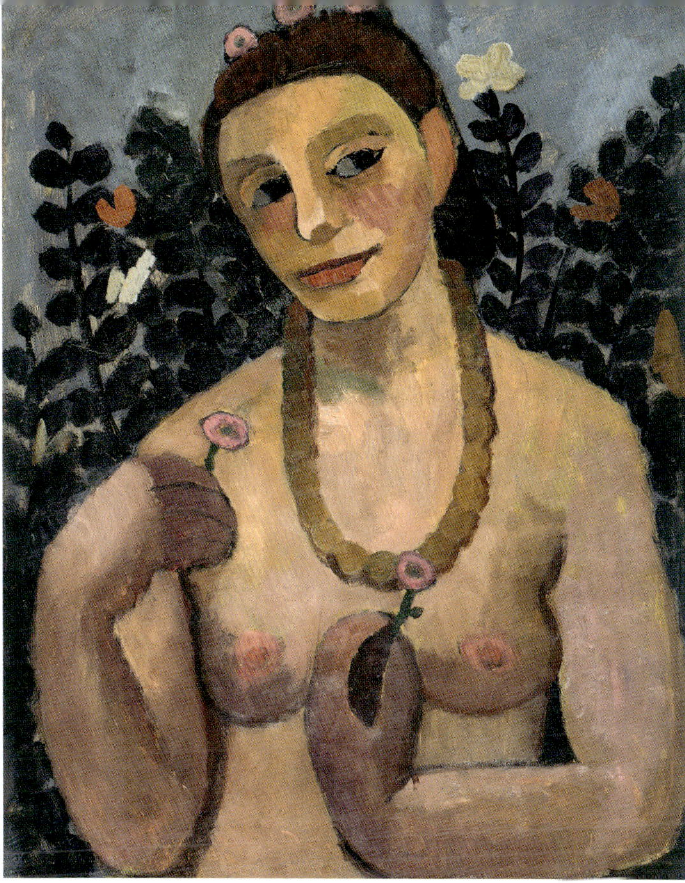

**Selbstbildnis als Halbakt mit Bernsteinkette I**, Sommer 1906, Pappe, 62,2 x 70,7 cm

Weitere 17 Selbstbildnisse entstehen im 31. Lebensjahr – sieben davon im Akt, inspiriert nicht zuletzt durch ihre Begeisterung für die Nackt- und Körperkultur, die sie regelmäßig in gymnastischen Übungen und Nackttänzen pflegt. Sie zeigt sich im lebensgroßen Porträt im Ganzakt, im kleinformatigen Selbstbildnis als stehender Akt mit Hut, in wunderbaren halbfigurigen Darstellungen in der Tradition der Göttin Flora mit Bernsteinkette und Blüten in den Händen und im Haar. Es ist ein revolutionäres Sujet, neu in der Geschichte der Kunst und geprägt von einem neuen Subjektverständnis an der Schwelle zum 20. Jahrhundert.

# Der Künstlerselbstakt – Tradition und Innovation

Paula Modersohn-Becker gilt als die erste Frau, die sich selbst im Akt darstellte. Wie kam eine junge Künstlerin um 1900 auf die Idee, sich entgegen allen moralischen Tabus nackt zu malen? Wo lagen die Quellen für ihr innovatives Verständnis der Aktdarstellung?

Befragt man die künstlerische Tradition, so wird man nur vereinzelte Beispiele von Selbstakten finden, so etwa in Handzeichnungen von Albrecht Dürer (1471–1528) oder einem kleinen Gemälde von Victor Emil Janssen (1807–1845) aus dem Jahr 1829. Erst zu Beginn des 20. Jahrhunderts etablierte sich das Selbstporträt im Akt oder Halbakt als häufiges Motiv in Werken von Egon Schiele, Richard Gerstl, Kolo Moser, Oskar Kokoschka, Max Oppenheimer, Edvard Munch, Lovis Corinth, Suzanne Valadon oder Pablo Picasso, um nur einige zu nennen. Zunächst stand bei einer Vielzahl von Künstlern die Selbstinszenierung als Märtyrer und Opfer der Gesellschaft im Vordergrund. Dabei fungierte die Nacktheit neben Seitenwunde oder Nimbus als ein Attribut, das auf den leidenden Christus verwies.

Albrecht Dürer, **Selbstbildnis als Akt**, um 1506

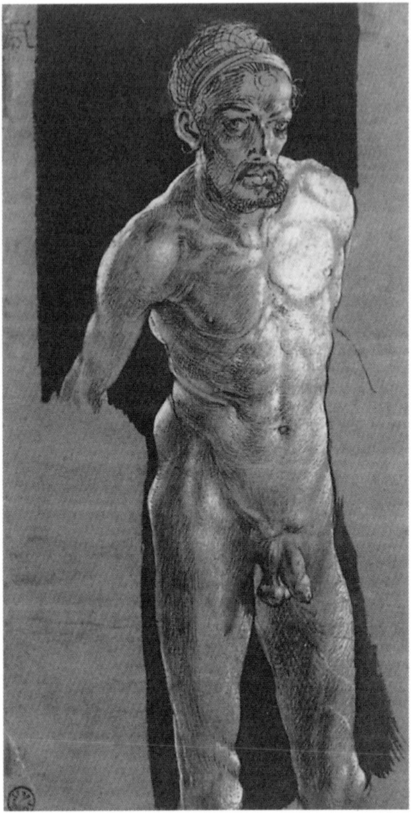

Auch das kleine Gemälde von Victor Emil Janssen steht in dieser bildlichen Tradition. Paula Modersohn-Becker hatte es auf der *Deutschen Jahrhundertausstellung* des Jahres 1906 gesehen und sich vermutlich dadurch zu ihrem *Selbstporträt am 6. Hochzeitstag* inspirieren lassen. Um 1900 aber wäre für eine Künstlerin ein Selbstbildnis als Schmerzensmann noch nicht darstellbar gewesen. In einer Zeit, in der Weiblichkeit unabdingbar mit Mutterschaft verknüpft war und sich selbst die Frauenbewegung der Aufwertung spezifisch weiblicher Eigenschaften verschrieben hatte, wäre damit eine radikale Überschreitung geltender Geschlechterrollen verbunden gewesen.

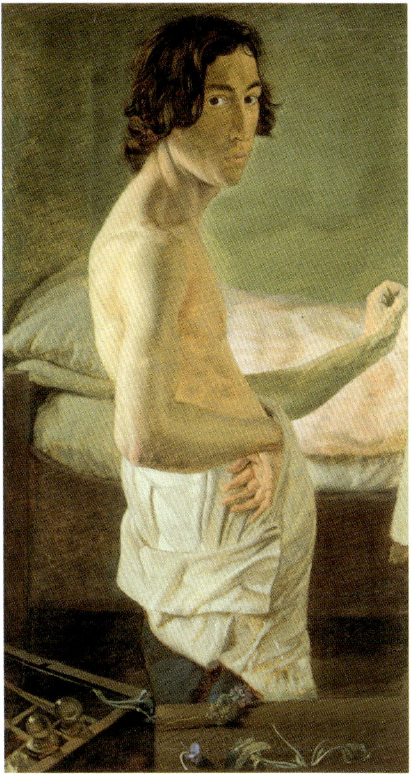

Victor Emil Janssen, **Selbstbildnis vor der Staffelei**, um 1829

Der Schlüssel zum Verständnis von Modersohn-Beckers Selbstakten ist vielmehr in der naturreligiösen Gedankenwelt der Nacktkulturbewegung zu finden, die den nackten Leib mit einer mystisch-pantheistischen Aura umgab. Mit der Beigabe von Früchten und Blüten verweist die Künstlerin auf den Körper als Träger einer fruchtbaren weiblichen Natur. „Mir ist Gott überhaupt ‚sie'", hatte Modersohn-Becker in einem Gespräch mit Rainer Maria Rilke geäußert, „die Natur, die Bringende, die das Leben hat und schenkt." Modersohn-Beckers Selbstakte vermitteln eine archetypische Fruchtbarkeitsvorstellung sowie naturreligiöse Symbolkraft und haben damit eine neue Dimension der Nacktheit in die Geschichte der Kunst eingebracht.

# Stille Rückkehr in das alte Leben

## ZURÜCK ZU OTTO MODERSOHN?

Eines Tages reißt ein Klopfen an der Ateliertür sie aus der Arbeit. Otto Modersohn ist gekommen, um seine Frau nach Hause zurückzuholen. Er hat sie in den vergangenen Wochen und Monaten finanziell unterstützt, in der Hoffnung, sie zurückzugewinnen. Pfingsten hat er sich endlich auf den Weg gemacht. Er wirft viel in die Waagschale, ist bereit, mit ihr anderswo als in Worpswede zu leben, beschwört sie, darüber nachzudenken, dass sie alleine finanziell nicht bestehen kann, denn, das weiß er: „[...] bei Geldsorgen kann man nicht seine Kunst leben, du am wenigsten.“ Noch ist sie nicht bereit dazu. Otto fährt unverrichteter Dinge zurück.

> Wer das aus der Nähe sah, wie ich, war geradezu ergriffen und räumte ihr gern alles aus dem Wege, um ihr behilflich zu sein.
>
> Otto Modersohn an Gustav Pauli, 1919

Dann endlich, am 14. Juli, die erlösenden Worte: „Willst Du hierher kommen und Dir entweder hier in Paris oder vor den Thoren ein Atelier mieten und zu arbeiten versuchen? Dann wollen wir uns ein paar Mal die Woche sehen und ganz neutral versuchen wieder zusammen zu kommen.“ Schon fast hat er eingewilligt und ist bereit, auf ihren Vorschlag einzugehen, als Paula ihren Mann in einem Brief vom 3. September bittet, endgültig mit der Vergangenheit abzuschließen. Ein Wechselbad der Gefühle: „Erspare uns beiden diese Prüfungszeit. Gieb mich frei, Otto. Ich mag Dich nicht zum Manne haben. Ich mag es nicht. Ergieb Dich drein. Foltere Dich nicht länger.“ Nur wenige Tage darauf folgt der nächste Brief mit einem fast demütigen Widerruf und der Bitte an Otto Modersohn, er möge bald kommen, damit man versuche, sich wiederzufinden. Was mag ihren Meinungsumschwung bewogen haben? Bernhard Hoetger habe einen Abend lang in sie hineingepredigt, lässt sie die Schwester wissen. Vermutlich hat er ihr noch einmal zu bedenken gegeben, dass finanzielle Nöte sie von ihrer Arbeit abbringen werden. Nun willigt sie ein: „Ich habe diesen Sommer gemerkt, daß ich nicht die Frau bin, alleine zu stehn.“

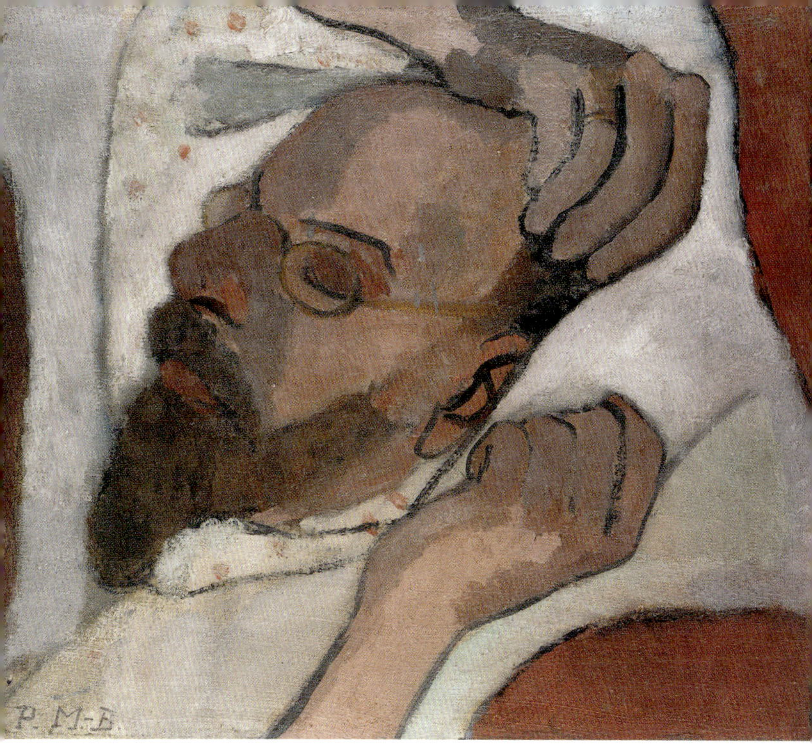


**Otto Modersohn schlafend**, Winter 1906/07, Leinwand, 39,7 x 46,3 cm

Otto Modersohn setzt alles daran, seine Frau zurückzugewinnen. Obwohl er sein beschauliches Worpsweder Leben so liebt, tritt er Ende Oktober 1906 in Begleitung von Martha und Heinrich Vogeler die Reise nach Paris an. Für Paula folgt eine „Jubelwoche mit Vogelers", dann ist sie mit ihrem Mann allein. Er hat im selben Haus wie seine Frau, am Boulevard du Montparnasse, ein Atelier bezogen. „Es wurde eine sehr denkwürdige, hochanregende Zeit", schreibt er später in sein Reisetagebuch. „Museen [...], überhaupt die ganze wunderbare Stadt." Das Ehepaar pflegt eine enge Freundschaft mit dem Ehepaar Hoetger, besucht den *Salon d'Automne* im Grand Palais und die große Gauguin-Retrospektive, macht Ausflüge nach Versailles, Meudon, Fontainebleau und Saint-Denis, genießt aber auch die gemeinsame Arbeit. Im März ist Paula Modersohn-Becker schwanger, und im Frühling 1907 kehrt das Paar schließlich guten Mutes nach Worpswede zurück.

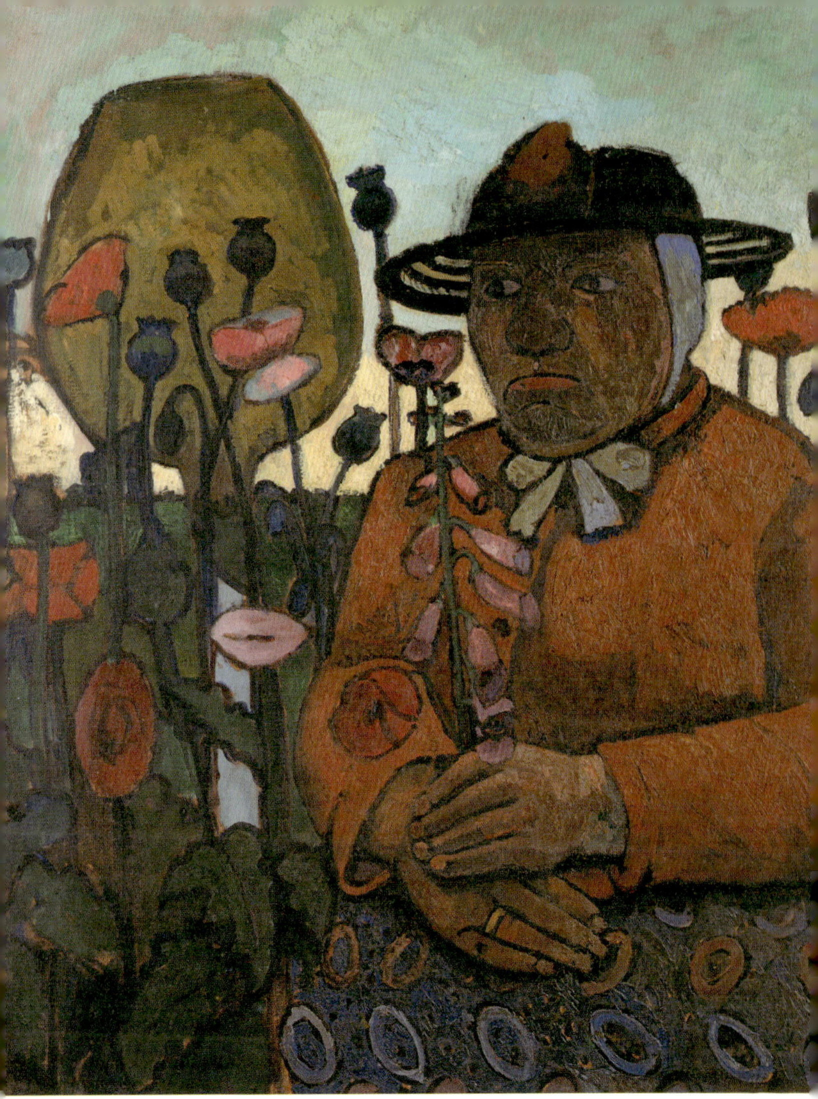

**Alte Armenhäuslerin im Garten mit Glaskugel und Mohnblumen**, 1907, Leinwand, 96,3 x 80,2 cm

## „ICH GLAUBE, ICH BIN MIT MEINEM LEBEN ZUFRIEDEN."

Ostern 1907. „Ich sitze wieder in meinem kleinen Atelier bei Brünjes mit den grünen Wänden und unten hellblau", berichtet sie Rainer Maria Rilke. „Ich gehe denselben Weg hierher wie in alten Zeiten und mir ist wunderlich zumute." Sie hat, wie es scheint, ihren Frieden gemacht. „Die Hauptsache ist: Stille für die Arbeit, und die habe ich auf die Dauer an der Seite von Otto Modersohn am meisten." Seit Anfang März weiß sie, dass sie schwanger ist. Endlich. Trotz der Erfüllung ihres lang gehegten Wunsches aber erlaubt sie sich keine Sentimentalitäten, sondern arbeitet stattdessen intensiv und konzentriert. Und definiert erneut ihre künstlerischen Ziele, gibt sich nicht mit dem zufrieden, was sie schon geleistet hat. „Ich möchte das Rauschende, Volle, Erregende der Farben geben, das Mächtige. Meine Pariser Arbeiten sind zu kühl und zu einsam und leer", schreibt sie an Bernhard Hoetger.

Wieder führt sie ihr Weg ins Worpsweder Armenhaus. Und noch einmal malt sie die betagte „Dreebeen" (Dreibein), die schon in den Jahren zuvor eines ihrer Lieblingsmodelle gewesen war. Die Alte mit dem Krückstock fristet mittellos und fast blind ein kärgliches Dasein im Armenhaus. Paula Modersohn ist nicht die Einzige, in deren Bildwelt die Bäuerin einen festen Platz einnimmt, auch Otto Modersohn und Ottilie Reylaender haben sie gemalt. Aber sie ist es, die ihr in dem Gemälde mit Glaskugel und Mohnblumen ein Denkmal setzt. Das geheimnisvolle Bild ist tief durchdrungen von den Erkenntnissen der modernen Malerei: Keine Perspektive, sondern eine bühnenhafte Staffelung, keine naturalistische Darstellung, sondern Stilisierung. Man meint, Anklänge an die flächige Monumentalität van Gogh'scher Porträts zu erkennen und ist erinnert an die naiv-stilisierte Pflanzenwelt des Zöllners Henri Rousseau, den die Künstlerin in Paris kennen und schätzen gelernt hat. Farbe, Form und Fläche – überaus kühn eingesetzt – stehen nicht im Dienst der äußeren Realität, sondern sind Ausdrucksträger einer inneren Erlebniswelt. In einer tiefen, satten, magischen Farbigkeit. Die beigegebenen Mohnblüten, die traditionellen

Attribute der Demeter, der dreifachen Muttergöttin, entstammen der griechischen Mythologie. Die bucklige Worpsweder Bäuerin als archaische Göttin? Ein wirklich ungeheuerliches Bild, während die Pariser **Salons*** zur gleichen Zeit von nackten laszіven Schönheiten aus Mythologie und Historie bevölkert werden. Ob das Porträt der Armenhäuslerin wohl bei einer Ausstellung auf Verständnis gestoßen wäre? Vermutlich nicht. Paula Modersohn-Becker tat wahrscheinlich gut daran, sie ganz im Stillen zu malen.

## „EIN GROSSES REICHES LEBEN VOLLER HOFFNUNGEN, DAS NUN ZU ENDE IST“

Heinrich Vogeler berichtet, die Malerin sei bis zum letzten Tag vor der Geburt voller fieberhafter Arbeit gewesen. In der Nacht vom 1. auf den 2. November 1907 ist es so weit. Die Niederkunft ist schwer und dramatisch, der Arzt muss geholt werden, als die Herztöne ausbleiben und die Hebamme den Tod des Kindes befürchtet. Gegen zwei Uhr mittags stagnieren die Wehen, und der Arzt holt das Kind mit der Zange. Es ist ein gesundes Mädchen, nach der Großmutter mütterlicherseits Mathilde genannt. „Ne prachtvolle kleine Deern“ und „N sehr feiner Akt!“. Die junge Mutter liegt in ihren weißen Kissen unter Reproduktionen ihrer geliebten Gauguins und Rodins „mit dem glücklichsten Lächeln“, so Clara Rilke, „das ich je an ihr gesehen habe“.

---

* **DER BEGRIFF SALON** *bezeichnet die seit 1667 stattfindenden Ausstellungen von Werken zeitgenössischer Künstler in Paris. Zunächst durch König Ludwig XIV. eingeführt, um die offizielle höfische Kunst zu präsentieren, folgte die Werkauswahl der Jury auch im ausgehenden 19. Jahrhundert noch dem konservativen, akademischen Prinzip der École des Beaux-Arts. Als Protest gegen diese traditionellen Ausstellungen der französischen Salonmaler formierte sich 1863 der Salon des Refusés – der Salon der Zurückgewiesenen – und 1884 der Salon des Indépendants – der Salon der Unabhängigen. Beide präsentierten die Vertreter der Avantgarde und läuteten damit die Moderne ein.*

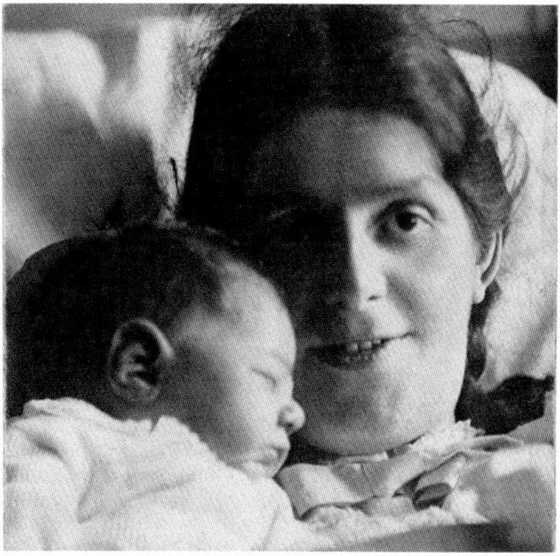

Paula Modersohn-Becker mit ihrer Tochter Mathilde, November 1907, Foto von Hugo Erfurth

Die Künstlerin bleibt noch einige Zeit ans Wochenbett gebunden, da sie Schmerzen im Bein hat. Vermutlich keine Venenentzündung, sondern ein Nervenschmerz, diagnostiziert der Arzt. Endlich, am 20. November, erhält sie die Erlaubnis, aufzustehen. Ein Freudenfest. Was dann geschieht, berichtet Clara Rilke-Westhoff nach der Erzählung von Otto Modersohn. „An das Fußende ihres Bettes ließ sie einen großen Spiegel stellen und kämmte davor ihre schönen Haare, flocht sie zu Zöpfen und machte sich eine Krone daraus. Sie steckte sich Rosen an, die man ihr geschickt hatte und ging dann, als Mann und Bruder sie stützen wollten, leicht vor ihnen her ins andere Zimmer, wo die Lichter angezündet waren, der Kronleuchter, ein Barockengel mit einem Lichterkranz um den Leib und viele andere Kerzen." Als sie ihre Tochter im Arm hält, geschieht das Ungeheuerliche: Sie bricht zusammen und stirbt. Es heißt, ihre letzten Worte seien gewesen: „Wie schade!"

Paula Modersohn stirbt einen bestürzenden, viel zu frühen Tod. Ihr Werk aber, bis dahin nur wenigen Eingeweihten in Auszügen bekannt, überdauert. „Alle Kleinheit fiel von ihr ab", sollte Heinrich Vogeler später über sie schreiben, „die Visionen, die sie hatte, wuchsen ins Große und Feierliche, das letzte waren neue Wege zu einer großen Monumentalmalerei."

Konzeption und Redaktion der Kleinen Reihe
Martina Padberg

Grafik und Satz
Christian Padberg

Gesamtherstellung
Wienand Verlag, Köln

Printed in Germany

Erschienen im
Wienand Verlag, Köln
www.wienand-verlag.de



ISBN 978-3-86832-210-1

Gedruckt mit freundlicher Unterstützung der Stiftung für Buch & Kunst

Bibliografische Information der Deutschen Nationalbibliothek
Die Deutsche Nationalbibliothek verzeichnet diese Publikation in der Deutschen Nationalbibliografie; detaillierte bibliografische Daten sind im Internet über http://dnb.d-nb.de abrufbar.

Umschlagabbildung
Selbstbildnis als Halbakt mit Bernsteinkette I, 1906

Fotonachweis
akg images: S. 64, 89
Käthe Kollwitz Museum Köln: S. 15
Otto Modersohn Museum, Fischerhude: S. 5, 10, 20, 21, 25, 35, 40, 43, 46, 52/53, 75, 95
Overbeck-Museum, Bremen: S.14
Paula Modersohn-Becker Museum; Bremen: S. 44, 45
Paula Modersohn-Becker Stiftung, Bremen: S. 9, 11, 17, 19, 24, 31, 33, 36, 37, 38 rechts, 48, 51, 55, 58, 60, 67, 68, 72, 74, 77, 79, 81, 82/83, 84, 87, 91, 92

Dank
Antje Modersohn und Rainer Noeres vom Otto Modersohn Museum sei herzlich gedankt für ihre kenntnisreiche Unterstützung des Projekts sowie die Überlassung zahlreicher Fotografien, ebenso wie der Paula Modersohn-Becker Stiftung für eine Vielzahl von Abbildungsvorlagen.

WIENAND[S]
KLEINE REIHE
DER KÜNSTLER-
BIOGRAFIEN

96 Seiten
12,95 €

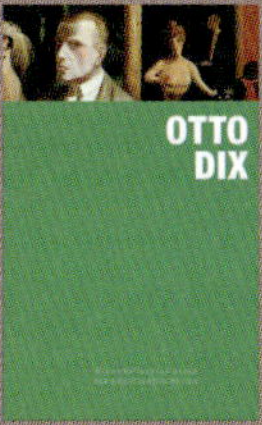

978-3-86832-571-3

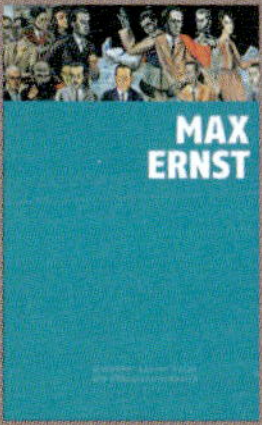

978-3-86832-539-3

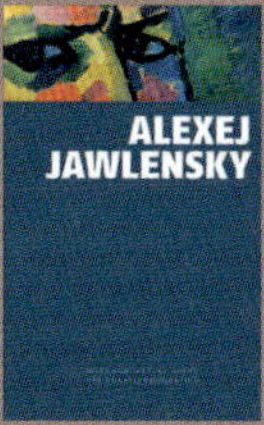

978-3-86832-286-6

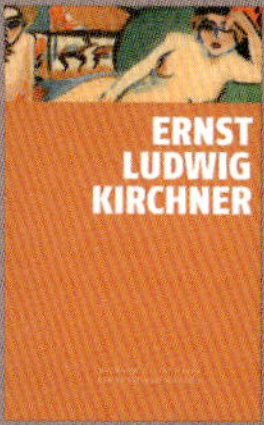

978-3-86832-389-4

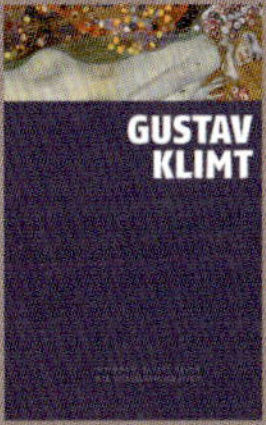

978-3-86832-387-0

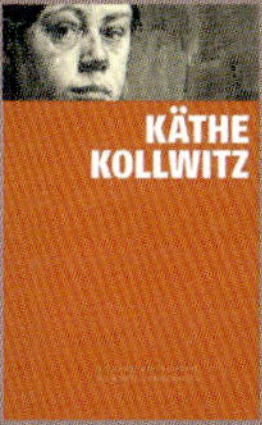

978-3-86832-285-9

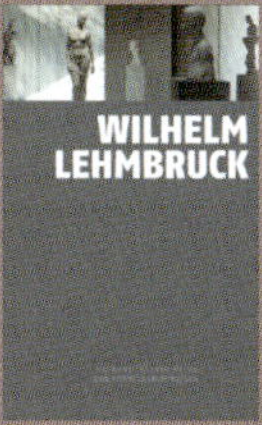

978-3-86832-388-7

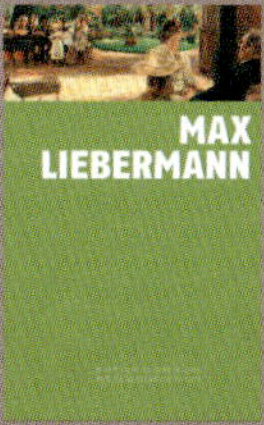

978-3-86832-373-3

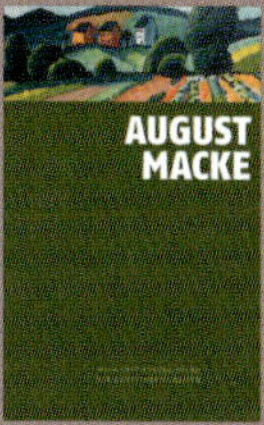

978-3-86832-208-8

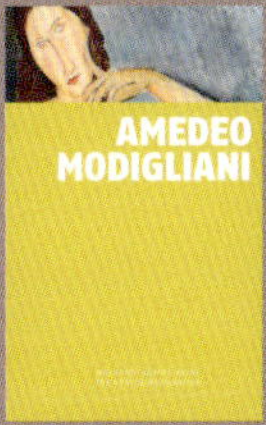

978-3-86832-574-4

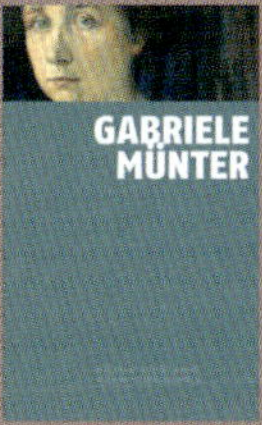

978-3-86832-372-6

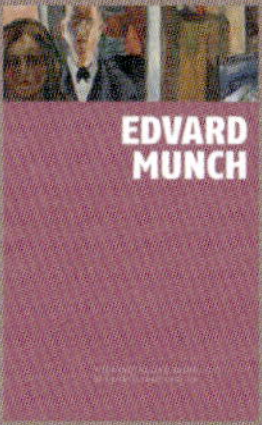

978-3-86832-598-0

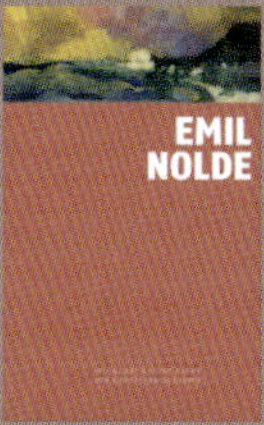

978-3-86832-572-0

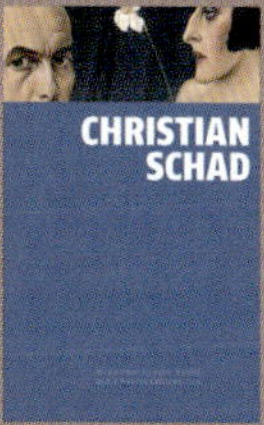

978-3-86832-573-7

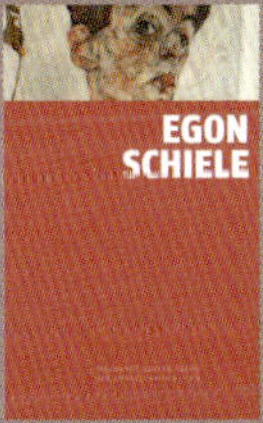

978-3-86832-374-0

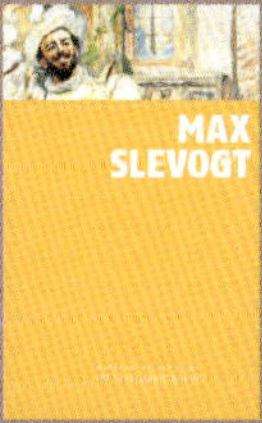

978-3-86832-442-6

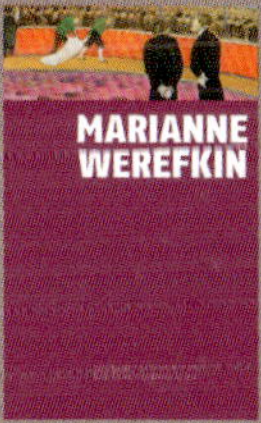

978-3-86832-540-9

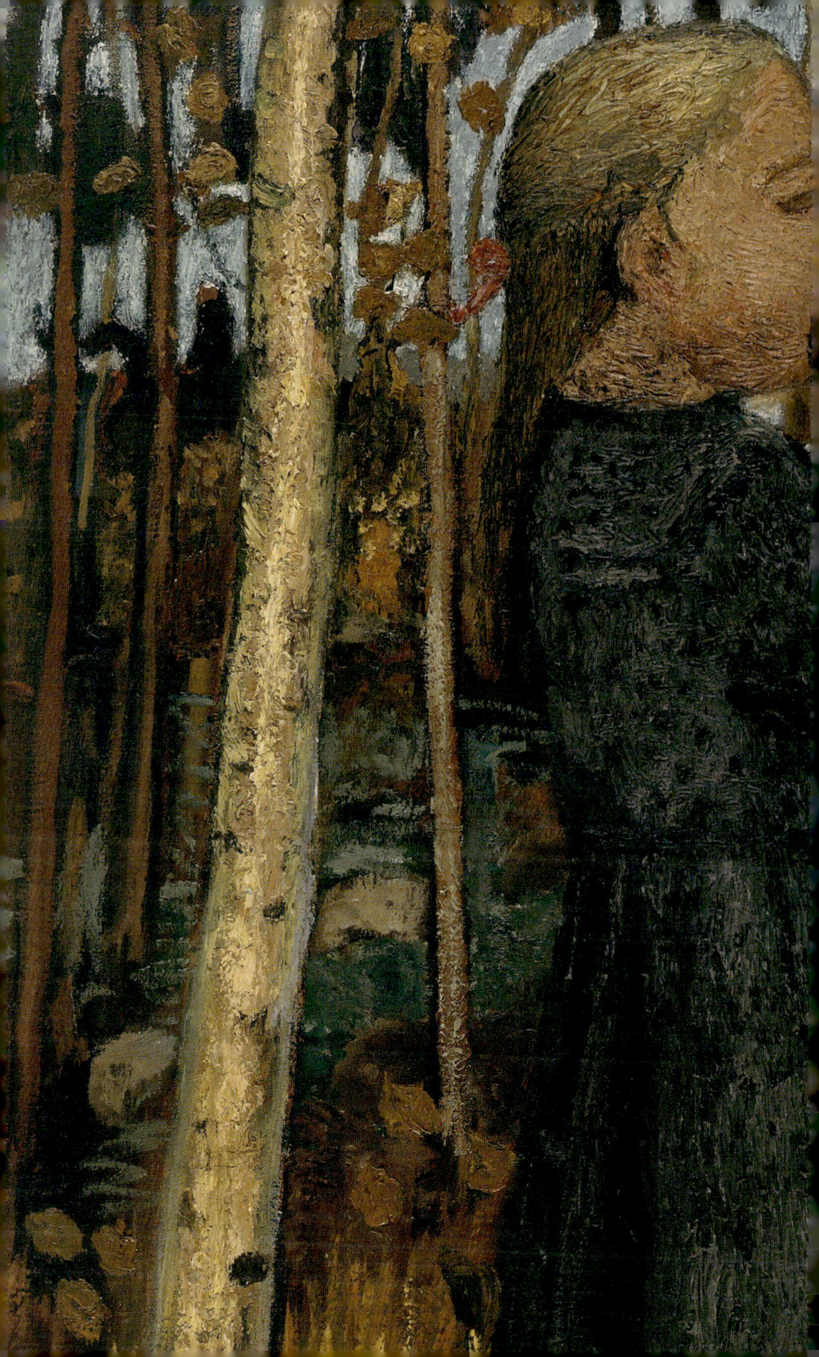